职教教师科研工作实例操作丛书

浙江省社科联社科普及资助项目（编号：21KPWT01ZD-2YB）

职教科研项目申报书编制实例分析

浙江省中华职业教育社 组织编写

朱国锋 主审　张成全 主编

浙江工商大学 出版社
ZHEJIANG GONGSHANG UNIVERSITY PRESS
·杭州·

图书在版编目(CIP)数据

职教科研项目申报书编制实例分析 / 张成全主编.
— 杭州：浙江工商大学出版社，2021.6（2024.6重印）
（职教教师科研工作实例操作丛书 / 朱国锋主编）
ISBN 978-7-5178-4339-9

Ⅰ．①职… Ⅱ．①张… Ⅲ．①职业教育－科研项目－
申请－案例 Ⅳ．①G712

中国版本图书馆CIP数据核字(2021)第031832号

职教科研项目申报书编制实例分析
ZHIJIAO KEYAN XIANGMU SHENBAOSHU BIANZHI SHILI FENXI

朱国锋 主审　张成全 主编

责任编辑	谭娟娟
封面设计	林朦朦　胡　晨
责任印制	包建辉
出版发行	浙江工商大学出版社
	（杭州市教工路198号　邮政编码310012）
	（E-mail：zjgsupress@163.com）
	（网址：http://www.zjgsupress.com）
	电话：0571-88904980，88831806（传真）
排　　版	杭州彩地电脑图文有限公司
印　　刷	浙江全能工艺美术印刷有限公司
开　　本	710mm×1000mm　1/16
印　　张	17.5
字　　数	217千
版 印 次	2021年6月第1版　2024年6月第2次印刷
书　　号	ISBN 978-7-5178-4339-9
定　　价	50.00元

本丛书获浙江省社科联社科普及项目资助

立项编号： 21KPWT01ZD

立项名称： 职教教师科研工作实例操作丛书

组织单位： 浙江省中华职业教育社

丛书总主审：

仇赆泓（浙江省中华职业教育社副主任、宣传教育委员会主任，省人力
　　　　社保厅原副厅长）

丛书总主编：

朱国锋（浙江省中华职业教育社宣传教育委员会副主任、浙江交通职业
　　　　技术学院教授）

/ 指导委员会 /

主　任：

仇贻泓（浙江省中华职业教育社副主任、宣传教育委员会主任，省人力
　　　社保厅原副厅长）

委　员：

于永明（浙江省中华职业教育社副主任，省教育厅党委委员、副厅长）

邢自霞（浙江省中华职业教育社副主任，省财政厅党组成员、副厅长）

郑亚莉（浙江省中华职业教育社副主任、交流合作委员会主任，浙江金
　　　融职业学院院长、教授）

潘云峰（浙江省中华职业教育社副主任、浙江荣盛建设有限公司总裁）

胡方亚（浙江省中华职业教育社副秘书长）

王志泉（浙江省中华职业教育社宣传教育委员会副主任、省教育厅二级
　　　巡视员）

洪在有（浙江省中华职业教育社宣传教育委员会副主任、省人力社保厅
　　　职业能力建设处副处长）

朱国锋（浙江省中华职业教育社宣传教育委员会副主任、浙江交通职业
　　　技术学院教授）

汪传魁（浙江省中华职业教育社社会服务委员会副主任、天成职业技术

学校董事长）

郑卫东（浙江省中华职业教育社社会服务委员会副主任，浙江纺织服装职业技术学院院长、教授）

高志刚（浙江省中华职业教育社社会服务委员会副主任、杭州市中策职业学校校长）

谢利根（浙江省社会科学界联合会党组成员、副主席）

程江平（浙江省教育科学研究院副院长）

周银波（浙江省人事教育指导服务中心主任、省职业技能教学研究所所长）

陆海深（浙江省人力资源和社会保障科学研究院副院长、副研究员）

陈　衍（中华职业教育社专家委员会委员，浙江工业大学职业技术教育研究所所长、教授）

胡新根（浙江东方职业技术学院院长、教授）

杜兰晓（浙江旅游职业学院院长、教授）

汤有祥（浙江宇翔职业技术学院院长、上墅教育集团董事长）

毛建卫（浙江工业职业技术学院校长）

胡晓杭（金华教育学院院长）

杨国强（杭州第一技师学院党委书记、院长、正高级讲师）

许红平（杭州萧山技师学院院长、教授）

阮强志（长兴技师学院院长、副书记、高级讲师）

施学斌（桐乡技师学院院长）

盛锡红（绍兴技师学院（筹）校长）

王钟宝（永康五金技师学院院长、永康市职业技术学校校长）

郑效其（杭州市开元商贸职业学校校长）

却　旦（杭州市乔司职业高级中学校长）

杨琼飞（杭州市旅游职业学校校长）

俞浩奇（宁波外事学校校长）

陈　列（宁波建设工程学校校长）

赵百源（柯桥区职业教育中心校长）

毛　芳（龙游县职业技术学校校长）

谢卫民（三门县职业中等专业学校校长、党委书记）

曾国健（丽水市龙泉市中等职业学校校长）

程新杰（杭州市计算机学校校长、"一技成"天赋教育联盟秘书长）

周燕波（衢州市南孔职业培训学校董事长）

张　旻（中国亚厦控股集团副总裁）

毛英俊（锦绣江山外国语学校董事长、浙江金和龙房地产公司董事长）

/ 总　序 /

王利月

（浙江省委统战部副部长、省中华职业教育社常务副主任）

　　职业教育与普通教育是两种不同的教育类型，但具有同等重要地位。随着我国经济社会发展，职业教育在社会主义现代化建设中的地位和作用更加突出，上升到"没有职业教育现代化就没有教育现代化"的高度。作为职业教育先进地区，浙江省一贯重视推进职业教育现代化建设，积极把职业教育融入"两个高水平"建设大局，致力于打造职业教育的"浙江样板"，并向"成为新时代全面展示中国特色社会主义制度优越性的重要窗口"的新定位、新目标积极努力。

　　拥有一支优秀的职业教育教师队伍，是推动职业教育进一步改革发展的关键。浙江省中华职业教育社作为省委省政府团结、联系职业教育界和民办教育界人士的桥梁和纽带，积极开展服务职业教育改革发展的各项工作。为助力职业教育教师队伍的培养，我们设立了"浙江省中华职业教育科研项目"，推动职业教育工作者积极开展科研活动，得到了广大职业教育工作者的热烈拥护和广泛好评。

　　职教科研是职业教育工作者的一种创造性认识活动。这种创造性认识活动的顺利开展，需要职业教育工作者特别是教师具备三方面的条件：

一是强烈的科研愿望，二是一定的科学研究能力，三是掌握一定的科研方法。当前，大部分职教教师能够深刻认识开展科研工作的意义，具有强烈的开展科研工作的愿望。但由于科研经验和能力的不足，许多教师在起步阶段不得要领，不知从何下手，一旦遇到挫折，比如申报浙江省中华职业教育科研项目未能成功，便渐渐失去开展科研工作的热情和耐心。这对于自身的进一步成长是不利的，也是非常可惜的。

为切实解答当前一线职教教师在科研工作中的实际困惑，更好地提高广大职教教师的科研能力，帮助职教教师成长成才，浙江省中华职业教育社邀请省内一些长期从事职教工作的专家和老师，编著了"职教教师科研工作实例操作丛书"。本套丛书不追求艰深的科学研究理论，而是力求让职教理论联系工作实际，以职业教育科研实践中遇到的实际问题为突破口，收集大量案例，注重示范性和操作性，致力于为一线职教教师开展科研工作提供有力指导，有很强的可读性。

这套丛书的作者们基于对职业教育的热爱，对职教科研的热爱，希望为职教教师们做一件有意义的事情。我深深感到，像这样致力于职教科研的老师再多一些，科研型教师的队伍再庞大一些，职教科研的前景一定会更加美好。我更加期望，职教教师在做好教学工作的同时，能够更加热爱职教科学研究，那么，我们的职业教育前景也一定会更加美好！

是为序。

/ 目　录 /

第三章

项目名称的选取

第四章

项目研究意义与国内外研究现状

第五章

研究内容、目标、方案、进度（时间）和拟解决的关键问题

第九章 ————————————————————————————

项目申报书提交前应了解的几个问题

第一章

职教科研项目来源

　　一般来说，各职业院校都设有专门的科研部门或教科研部门，它们专门负责课题项目的通知、申报、评审和推荐上报工作，科研部门或教科研部门会结合各自单位的性质、上级主管部门、主要学科或专业方向及历年项目等情况对课题来源进行梳理并及时通知到单位各部门及相关教师。按照教科研项目设立单位来分，课题来源主要包括：①国家社科基金、科技部、教育部、人社部等国家部级单位设立的项目；②全国及省中华职业教育社设立的科研项目；③省科技厅、省教育厅、省人社厅、省教育规划办及当地教育局和科技局等省、厅、局级单位设立的项目；④其他学会协会设立的项目及企事业单位委托的横向项目；⑤所在单位自主设立的教科研项目。

第一节　所在单位自主设立的教科研项目

所在单位自主设立的教科研项目是指所在单位结合单位性质、办学特色、专业设置、教职工特长、单位重点工作、单位发展定位、单位所在地区域特色等所设立的教科研项目。

1. 项目通知的发放

所在单位自主设立的教科研项目的通知主要由单位的教科研部门（如科研处、科技处、教务处等）发放，发放方式包括会议通知、邮件通知、网络通知等。

因此，需要职教教师时刻关注单位教科研部门的有关通知、及时查收个人邮件、按时参加单位或部门组织的各类相关会议，以免错过课题的申报时间。

2. 项目的大致类型

根据各单位性质、办学特色、专业设置、主管机关、所在地区域特色等不同，各单位自主设立的项目侧重点也不同。比如交通类学校所设立的教科研项目多与交通运输、桥梁建设、公路养护、物流管理等相关，商贸类学校多与商品经济、创业就业、商品研发、国际贸易、电子商务等相关，旅游类学校多与旅游管理、酒店管理、乡村经济、旅游开发等相关。

中等职业院校和高等职业院校又由于其重点工作和发展定位的不同，所设立的项目也有所不同，比如中等职业院校主要围绕教学模式探究、教学改革、课程改革、人才培养、中高职衔接、校企合作、教学评价等主题设立项目；而高等职业院校在此基础上还会结合教职工的特长设立一些应用性研究项目、基础性研究项目及其他科研启动项目等。

第二节　浙江省中华职业教育社设立的 科研项目

一、中华职业教育社简介

中华职业教育社是中国共产党领导的具有"统战性、教育性、民间性"的群众团体，是由我国著名教育家、爱国民主人士黄炎培先生联合蔡元培、梁启超、张謇、宋汉章等48位教育界、实业界知名人士于1917年5月6日在上海发起创立的，是党和政府团结、联系职业教育界和民办教育界有关人士的桥梁和纽带。中华职业教育社现由中央书记处领导，中央统战部代管。

中华职业教育社紧紧围绕党和国家的中心工作，运用长期从事职业教育所积累的丰富经验，认真开展职业教育研究，积极建言献策，加强办学实践，注重在民办职业教育领域发挥作用，倡导并实施温暖工程，广泛联系职业教育界人士，为推进我国职业教育的健康发展做出了应有的贡献。

中华职业教育社每年都会根据需要开展相关专题研究和项目调研，如"职业院校和行业企业形成命运共同体的研究与实践""互联网＋职业教育的研究与实践""职业教育与普通教育具有同等重要地位研究"等。职教教师可通过密切关注中华职业教育社官方网站及所在省分社的相关动态了解具体课题申报情况。

二、浙江省中华职业教育社简介

浙江省中华职业教育社成立于 2013 年 6 月 8 日，认真贯彻落实中共有关职业教育的方针和政策，推动事业实现新突破，取得新进展；围绕浙江省委、省政府的中心工作，发挥职业教育社"统战性、教育性、民间性"的优势，服务于经济社会科学发展大局；继承职业教育社先辈们在浙江开创的职业教育事业，坚持联系实际的工作作风，认真践行黄炎培职业教育思想；珍视品牌，突出特色，开创温暖工程新局面；紧紧围绕浙江海洋经济发展示范区、舟山群岛新区和义乌国际贸易综合改革试点建设的总体目标，为政府实施人口内聚外迁、生态旅游发展、人才科技支撑等工程，提供富有成效的职业教育和技能培训，为促进浙江省经济转型升级，引导非公有制经济健康发展，巩固和维护浙江和谐稳定的良好局面做出积极贡献。

浙江省中华职业教育社以科学发展为主题，以加快转变经济发展方式为主线，紧密团结广大社员，积极发展特殊教育、成人教育，支持民办职业教育发展，探索进城务工人员、就业困难人群职业培训形式和渠道，持续推进温暖工程，为服务浙江职业教育做出应有贡献。

三、浙江省中华职业教育社设立的科研项目

1. 浙江省中华职业教育科研项目研究方向

2020 年 1 月 6 日，浙江省中华职业教育社印发了《浙江省中华职业教育科研项目管理办法（试行）》，其明确规定中华职业教育科研项目必须坚持把握正确的政治方向，遵循党和国家的教育方针，解决职业教育教学中遇到的实际问题，促进浙江省职业教育事业的全面发展；项目

的研究目标和研究内容必须明确具体、思路清晰，研究方法要科学，研究成效要显著；主要资助方向为黄炎培职教思想和工匠精神、产教融合和生产现场管理、职教就业创业、温暖工程等；立项资助对象主要为职业教育工作者，行业协会、关心职业教育的企业等相关研究人员。

浙江省中华职业教育科研项目根据研究方向分为 4 类：黄炎培职教思想和工匠精神研究（A 类项目）、产教融合和生产现场管理研究（B 类项目）、职教就业创业研究（C 类项目）、温暖工程研究（D 类项目）等。各类研究项目的研究周期一般为 2 年，延期最长不超过 3 年。

（1）A 类项目。黄炎培职教思想和工匠精神研究是指通过研究黄炎培职业教育思想和工匠精神的内在联系，对新时代工匠精神培育进行的理论研究工作。

（2）B 类项目。产教融合和生产现场管理研究是指对产教融合内涵和产教融合实施方式等进行的研究，包括生产现场管理研究等应用性研究。

（3）C 类项目。职教就业创业研究是指结合职业教育对职教学生就业创业工作进行的理论和应用研究。

（4）D 类项目。温暖工程研究是指通过职业教育、职业培训等职教活动，为迫切需要就业和优化就业条件的弱势群体提供服务，协助党和政府解决城乡富余劳动力就业问题，使劳动力资源得到合理配置等的相关研究。

2. 浙江省中华职业教育科研项目申请条件

申请人应具有良好的政治思想素质和职业道德，申请人必须实际主持项目研究工作，并在研究工作中承担实质性任务。

所申请的项目应具有一定的创新性，研究目标明确，研究内容具体，研究方法和技术路线可行，符合浙江省经济社会发展和职业教育改革发展的需要，并已有一定的研究基础和工作条件，同时经费预算合理。

申请人已在承担浙江省中华职业教育科研项目，或3年来存在立项后未按期完成研究任务，或不执行有关部门和所属单位科研管理规定的不予立项。

申请人不得同时申报两项及以上项目，已在其他同级及以上项目立项的均不得申报；有被浙江省中华职业教育社撤项的项目申报人自撤项之日起2年内不得申报。

3. 浙江省中华职业教育科研项目申请程序

（1）申报时间。每年底前发布次年的项目申报要求。

（2）申报组织。各职业院校、社会职教机构、社团组织、企业等相关机构组织申报工作，申请人填报《浙江省中华职业教育科研项目申请书》，申请单位以适当方式审核并签署意见，并录入浙江省中华职业教育科研项目管理系统，根据当年申报要求将有关材料报浙江省中华职业教育社宣传教育委员会。

（3）项目立项。项目的立项分初审、专家网评和领导审批3个步骤。

省中华职业教育社宣传教育委员会在对所报项目汇总、分类后，进行初审，对不符合申报范围要求及手续不全的项目不予受理。通过初审的项目进入专家网评，根据网评成绩初步确定立项建议名单，随后报省中华职业教育社审批，再经公示后正式发布。项目立项后，以文件形式通知申请人及所在单位。

第三节　上级主管部门设立的教科研项目

一、国家部级单位设立的项目

国家部级项目主要有国家自然科学基金委设立的项目、科技部设立的项目、全国哲学社会科学规划办设立的项目、教育部设立的项目、全国教育科学规划领导小组办公室设立的项目、全国艺术科学规划领导小组办公室设立的项目、交通运输部设立的项目、住房和城乡建设部设立的项目、人力资源和社会保障部设立的项目、文化和旅游部设立的项目、工业和信息化部设立的项目等，这些项目的申报要求质量比较高，项目研究要求有较好的基础，项目研究成果和去向明确。相对本科院校来说，职业院校每年获批项目较少，特别是中等职业院校更少。

相对而言，行业主管部委的项目容易申报，职业院校申报的项目也能够获批。如住房和城乡建设部 2019 年科学技术计划项目，申报日期为 2019 年 6 月 3 日—2019 年 6 月 30 日。通知由各省、自治区住房和城乡建设厅，直辖市住房和城乡建设（管）委及有关部门，新疆生产建设兵团住房和城乡建设局，国资委管理的有关企业，部直属有关单位组织推荐。各省、自治区住房和城乡建设主管部门推荐项目数量不超过 30 个，直辖市住房和城乡建设（管）委推荐项目数量不超过 20 个，直辖市水务、园林、市政等有关部门推荐项目数量各不超过 5 个，部直属有关单位和各有关中央企业推荐项目数量不超过 5 个。

二、浙江省科技厅设立的项目

适合职业院校申报的浙江省科技厅项目主要有公益技术应用研究计划项目、软科学研究计划项目及其他基础公益研究项目等。

1. 公益技术应用研究计划项目

公益技术应用研究计划项目主要支持公共性、非营利性，具有明确应用方向与前景，围绕服务企业技术创新、行业科技进步需求开展产业发展共性技术研发和推广应用，以及社会公益领域的技术研究和推广应用。

公益技术应用研究计划项目面向在浙江省登记注册并具有独立法人资格的高等学校、科研机构和其他从事社会公益事业的机构组织；作为项目负责人同时主持各类省级科技计划项目不得超过 1 项，作为主要参加人员不得超过 2 项。项目采用公开申报方式，职业院校一般从归口管理部门进行上报，2018 年以前省科技厅对每个归口管理部门进行限额推荐，一般每个省级归口管理部门限额 10 项。

自 2018 年开始，公益技术应用研究计划项目与省自然科学基金项目合并管理，统称为基础公益研究项目。对职业院校且已注册为依托单位的，限项数按该单位近 3 年的平均立项数核算；2020 年申报数为该单位近 3 年平均立项数的 5 倍；近 3 年无省自然科学基金或省公益技术研究项目立项及新注册单位限项数为 5 项。

对申请人的资格要求为申请人具有从事应用研究和成果转化的条件并取得中级以上专业技术职称或者硕士学位。近 6 年来职业院校中的高职院校合计年均获批 40 项。

2. 软科学研究计划项目

省软科学研究计划项目要求申请人熟悉浙江省省情，具备与项目内容相应的理论知识和工作基础，具有较高的研究水平和组织能力，应有中级职称或硕士研究生以上（含）学历，具有良好的科研信用。近 6 年来职业院校中的高职院校合计年均获批 10 项。

软科学研究计划项目要求牢固树立创新强省工作导向，聚焦"高质量、竞争力、现代化"，立足浙江省情，要求前期研究基础扎实，技术路线可行，注重研究的实证性、对策性、操作性，提出有建设性的对策建议；鼓励合作联合申报；鼓励跨单位、多学科合作，加强研究单位和政策应用单位的合作；优先支持研究方向稳定持续、基于一手调查研究资料、数据确凿、研究方法科学、分析全面深刻、提出可操作性对策建议的研究项目。

如 2020 年选题要求围绕全面实施"一强三高新十联动"的科技新政，建设"互联网＋"和生命健康两大世界科技创新高地，打造"产学研用金、才政介美云"十联动创新创业生态系统，等等。选题范围包括：深化科技服务领域"最多跑一次"改革研究，创新驱动发展战略研究，科技促进经济社会发展研究，企业研发费用税前加计扣除政策落实情况调查统计，"大众创业、万众创新"的社会环境及体制机制研究，科技创新与商业模式创新融合发展的路径研究，创新型企业与新型研发机构研究，高新技术企业培育模式与政策研究，人工智能等高新技术加速赋能实体经济，创新方法案例研究，科技伦理、文化与环境建设研究，国内外科技政策跟踪比较及热点问题研究，等等。

省软科学研究计划项目采用公开申报、归口管理部门限额推荐的方式。职业院校归口管理部门纳入"其他省级部门"归口，近几年限额数有所提高，2018 年起限额 5 项。

2015—2020 年浙江省科技厅项目申报要求情况见表 1-1。

表 1-1 2015—2020 年浙江省科技厅项目申报要求

年份	申报通知时间	资格要求	申报起止日期	申报方式及限额	项目类型	职业院校立项数
2015	2014-09-26	面向在浙江省登记注册并具有独立法人资格的高等学校、科研机构和其他从事社会公益事业的机构组织申报；作为项目负责人同时主持各类省级科技计划项目不得超过1项，作为主要参加人员不得超过2项	2014-09-28——2014-11-12	公开申报，采取自主申报，归口管理部门限额推荐的方式；职业院校归口管理部门纳入"其他省级部门"归口，一般限额10项	公益技术应用研究计划项目	40
2016	2015-09-02	同上	2015-09-03——2015-10-23	同上	同上	34
2017	2016-06-03	同上	2016-06-06——2016-07-26	同上	同上	26
2018	2017-04-12	同上；另外增加申请人具有从事应用研究和成果转化的条件并取得中级以上专业技术职称或者硕士学位	2017-04-30——2017-05-31	限项数为该单位近3年平均立项数的4倍；近3年无省自然科学基金或省公益技术研究项目立项及新注册单位的限项数为3项	基础公益研究计划项目	56

续　表

年份	申报通知时间	资格要求	申报起止日期	申报方式及限额	项目类型	职业院校立项数
2019	2018-04-11	同 2018 年	2018-04-25 —2018-05-25	限项数为该单位近 3 年平均立项数的 4 倍;近 3 年无省自然科学基金或省公益技术研究项目立项及新注册单位的限项数为 4 项	基础公益研究计划项目	50
2020	2019-04-26	同 2018 年	2019-05-10 —2019-06-10	限项数为该单位近 3 年平均立项数的 5 倍;近 3 年无省自然科学基金或省公益技术研究项目立项及新注册单位的限项数为 5 项	基础公益研究计划项目	40
2015	2014-10-14	需熟悉浙江省情,具备与项目内容相应的理论知识和工作基础,具有较高的研究水平和组织能力,应有中级职称或硕士以上(含)学历,具有良好的科研信用	2014-10-15 —2014-12-15	公开申报,采取自主申报,归口管理部门限额推荐的方式;职业院校归口管理部门纳入"其他省级部门"归口,一般限额 3 项	软科学项目	11
2016	2015-08-13	同上	2015-08-17 —2015-09-21	同上	软科学项目	11

续　表

年份	申报通知时间	资格要求	申报起止日期	申报方式及限额	项目类型	职业院校立项数
2017	2016-06-03	同上	2016-06-08 — 2016-07-24	公开申报，采取自主申报，归口管理部门限额推荐的方式；职业院校归口管理部门纳入"其他省级部门"归口，一般限额4项	软科学项目	7
2018	2017-04-26	同上	2017-05-08 — 2017-06-15	公开申报，采取自主申报，归口管理部门限额推荐的方式；职业院校归口管理部门纳入"其他省级部门"归口，一般限额5项	软科学项目	12
2019	2018-05-10	同上	2018-05-21 — 2018-06-29	同2018年软科学项目	软科学项目	10
2020	2019-05-31	同上	2019-06-10 — 2019-07-25	同2018年软科学项目	软科学项目	9

3. 其他基础公益研究项目

其他基础公益研究项目主要包括重大基础研究项目、省杰出青年科学基金项目、省自然科学基金重点项目、省自然科学基金探索项目等。其中，重大基础研究项目由国家基金委向全国公开发布并负责项目申请受理和评审；省杰出青年科学基金项目主要资助和培养国家杰出青年科学基金、优秀青年科学基金项目等国家级基础研究的后备人才，力图培养一批高水平青年学术骨干；省自然科学基金重点项目主要资助具有较高基础研究水平的重点领域和优势学科，促进一流高校、学科和科研院所发展；省自然科学基金探索项目主要资助科研人员聚焦有限目标进行自由探索，培养青年科技人员独立主持科研项目、开展创新研究的能力。

这一类项目职业院校立项较少，一般适合具有博士学位且从事基础研究专业的人员。

三、省教育厅设立的项目

浙江省教育厅设立的项目主要有一般科研项目和教育教学改革项目两大类。

1. 一般科研项目

浙江省教育厅一般科研项目主要资助高校副教授（或相应职称）及以下专业技术职务的青年教师［45周岁以下（含）］和在读专业学位研究生。项目申请者必须是项目的实际研究者，并有足够的时间和精力从事研究工作。项目研究人员一般应组成课题组，建有合理的梯队。近年来，该项目重点支持与数字经济、生命健康、乡村振兴及浙江省八大万亿元产业相关的项目，引导中青年教师、在读专业学位研究生树立主动服务社会经济发展的意识。

为确保项目研究质量，省教育厅将对下达给各高校的项目数量实行总量控制，项目限额数结合上一年限额数和近 3 年立项项目结题率确定。限额分配好之后具体立项项目由高校自行评审决定并向教育厅备案，各高校在进行项目评审时应符合《浙江省教育厅科学研究项目管理办法（暂行）》《浙江省教育厅关于调整规范部分行政管理和服务事项的通知》（浙教法〔2013〕112 号）的有关规定。

近年来，该项目多是在每年 4 月份左右开始申报，各高校一般在 5 月底至 6 月初公布具体立项情况，项目研究周期一般为 2 年。

2. 教育教学改革项目

教育厅每年都会围绕改进教学和人才培养体制机制建设、创新教学和人才培养模式、提升专业和课程建设水平、促进教育教学管理和方法改革、完善教育教学实践体系、提高教师教学能力和学生创新创业能力、健全教学和人才培养评价机制、课堂教学改革（混合式教学模式改革、课程思政改革等）、教学团队（混合教学团队、模块化课程教学团队等）建设等主题设立教育教学改革项目。

教育教学改革项目向一线教师倾斜，项目主要聚焦教学，强化人才培养质量意识，为积累和培育高水平的教学成果做好准备。项目主持人须名实相符，确实承担主体任务。一般在每年的 11 月申报该项目，研究周期一般为 2 年。高职院校一般限项 10 项，与省教育厅一般科研项目一样，也是采用学校评定、教育厅备案的方式。

四、省人社厅设立的人力资源和社会保障科研项目

浙江省人力资源和社会保障科研项目一般在每年的 3 月份开始申报，申报截止日期为 4 月底或 5 月初，立项通知一般在七八月份公布。

　　申报选题要求紧密围绕全省人力资源社会保障中心工作，在加快人社治理数字化转型、促进就业创业、强化人才供给、增强人力资源服务能力、提升社会保障水平、建设平安人社等重点方向上开展研究；选题要突出研究的创新性、针对性、前瞻性，重视科研成果的转化和应用，充分展示浙江省人力资源和社会保障改革实践新经验、新进展和重大基础理论成果。

　　浙江省人力资源和社会保障科研项目通常分为 5 类：

　　1. 宏观综合类

　　宏观综合类项目要求申报者具备宏观分析视野、微观研究能力和科学决策意识，突出研究的全局性、前瞻性、科学性、实用性。

　　选题要求围绕国家、省的重大政策、方针及近期全国、省人力资源和社会保障工作会议部署要求，聚焦高质量发展，着力抓好改革开放、三大攻坚战、长三角一体化国家战略等 3 件大事，突出落实稳企业、增动能、保平安 3 个方面工作，围绕数字经济、乡村振兴战略，坚持以人民为中心，深刻把握人社事业发展规律，积极回应群众现实诉求。通过对外部环境的预测研判，准确把握风险点和突破口，立足改善民生福祉、维护社会稳定、推动改革发展，全面提升人社治理能力。在找准机构改革后人社工作职责定位的基础上，深入剖析人社数字化转型、就业创业、社会保障、人事人才、人力资源服务、劳动关系协调等领域存在的主要问题及其根源，针对现行政策和阶段规划等重大战略问题提出优化和调整建议。

　　2. 就业创业类

　　就业创业类项目要求申报者熟悉就业创业的形势，选题上以创业为引领，以解决重点群体就业创业为抓手，紧密跟踪外部形势变化，深入开展就业创业趋势预测判断与政策完善落实、就业结构性矛盾缓解、困难企业稳岗帮扶、高校毕业生就业创业引导、返乡下乡创业支持、困难群体就业帮扶、就业创业信息化动态管理、就业创业培训效果评价、失业预警与群体性失业风险防范、就业扶贫等方面的研究。

3. 人才人事类

人才人事类项目选题要求以人才强省为工作导向，以引才育才为工作方向，以人才增量提质为工作目标，深化人才发展体制机制改革，充分激发人才创新活力，针对高层次人才和高技能人才两个重点，从人才结构优化、引才模式创新、人才服务信息化建设、技能培训与技能人才培养模式创新、高技能领军人才发展和技术传承、职称制度改革、事业单位绩效工资改革、专业技能人员创新激励制度等重点、难点中探索思路，深入研究并提出对策建议。

4. 社会保障类

社会保障类项目选题要求按照"兜底线、织密网、建机制"的基本要求，持续健全完善社会保障制度体系，以推进社会保障更加可靠、更加可持续为根本目标，完善并落实社保政策制度，确保社保基金安全，重点对社保制度完善、社保统收统支、社保基金保值增值、社保待遇调整机制完善、全民参保登记大数据、社保降费、社保基金监管等进行深入研究并提出对策建议。

5. 劳动关系和信访维稳类

劳动关系和信访维稳类项目选题要求以和谐稳定为根本目标，以"浙江无欠薪"行动为抓手，以风险预防为关注重点，针对新业态劳动关系理论与政策创新、新形势下劳动关系矛盾与风险防范、企业困境与劳动者权益保障、劳动人事争议协商解决模式创新、信访问题的源头预防与风险评估等问题进行深入研究并提出对策建议。

五、省教育规划办设立的项目

浙江省教育科学规划课题由浙江省教育科学规划领导小组办公室组织申报，一般从每年的10月中旬开始申报，每年的11月下旬申报截止，次年的1月上旬公布立项项目，面向从事教科研工作的各级各类人士。在选题上采用自主申报的模式，但研究的角度需站位要高，一般要求站在全省的角度展开。

如2020年立项的项目有："基于大数据分析的中职数学个性化教学应用模式的实践研究""区域视角下基础教育大数据的架构与应用研究""立足中国木制玩具城探索木玩主题研学旅行基地建设""三园共建推动中职创新创业教育的研究与实践""中职'双师型'教师培养模式的'永康实践'""小微电商人才精准培育的路径创生研究""中职学前教育专业'全科教育'人才培养模式研究""基于未来课堂的中职'杭派教学法'萧山实践""中职学校课堂教学的范式建构与实践""中职商业类'文化育人，商贸学子'系统范式研究""基于产教融合的汽修专业'双元三岗'实训模式探索""中职学校开展'1＋X证书'制度试点的研究""基于职业教育跨界融合理念的'三跨'人才培养模式研究与实践""中职学校'匠心群落式'课程建构与实施研究""三园共建推动中职创新创业教育的研究与实践"等。

六、省教育技术中心设立的项目

浙江省教育技术中心设立的课题面向省内各有关电教机构、教育科研院所、中小学校、幼儿园、特殊教育机构或学校，浙江省教育技术中心负责所申报课题的省级审核，各地市限额申报，平均每市 30 余项。每年的年中（2018 年及以前都是每年 6 月份左右）或年末（2020 年的是为 2019 年的 12 月份）开始申报。

浙江省教育信息化研究课题要求申报人必须坚持把握正确的政治方向，遵循党和国家的教育方针，解决信息技术教育教学应用实践和研究中遇到的实际问题，促进浙江省教育信息化发展。课题的研究目标和内容要明确具体，研究思路要清晰，研究方法要科学，研究结果要富有成效。

七、当地教育局和科技局等单位设立的项目

一般各地教育局和科技局每年都会组织相应的课题申报、评审和立项工作，项目选题一般围绕当地的经济、社会、教育、科技发展、技术难题等展开。

如 2019 年杭州市教育局立项的项目中所在地区的职业院校及其项目有：杭州科技职业技术学院的"前乡村幼儿教师'文化三力'养成的研究与实践"，杭州职业技术学院的"基于中高职衔接背景下的职业院校教师专业发展实践研究""工匠精神视域下高职教师专业发展研究""协同创新视角下高职针织专业教师发展路径研究以杭州职业技术学院为例"，杭州万向职业技术学院的"'智慧教育'背景下高职教师信息技术应用能力提升与效能评价研究""'一带一路'倡议下高职外贸类教师专业发展路径及策略研究"，杭州中策职业学校的"三段·三径·三品——中职青年教师班主任基本功培养的实践研究"，杭州电子信息职业学校的"思·悟·行——建构中职学校新教师亲师沟通能力提升模式的实践探索"，杭州人民职业学校的"名师团队协作模式下的新教师梯

级培养实践与探索——以'蒲公英学院'的培养模式为例"等。

如金华市教育局组织的 2019 年度教育科学规划研究课题中所在地区的职业院校及其项目有：金华市第一中等职业学校的"中职职初青年教师'1358'培养模式的实践研究""培养中职学生成长型思维模式的实践研究""传承匠心文化，培养中职生核心素养的实践与探究"，金华职业技术学院的"基于在线课程的高职混合式教学模式研究""基于'开放式实验室'的机制专业学生'创新项目'教学实践体系研究""国际化模具专业人才培养方案创设与实施"，兰溪市职业中专的"中职旅游专业分类培养策略的实践研究""建设'工匠精神研学之旅第一站'的实践研究"，武义县职业技术学校的"'午一生活'传媒电商工作室""家庭环境与中职生自我同一性的关系研究"，永康市职业技术学校的"基于四融机制校企合作的研究""中职教学中运用合作学习的实践研究"，浦江县职业技术学校的"中职艺考生高三备考科学运筹机制探究"，等等。

第四节　其他学会协会设立的项目及企事业单位委托的项目

一、学会协会设立的项目

一些与专业相关的学会协会也会定期（多为每年或每隔 1 年）设立一些专项项目，用于研究行业、专业、区域政策、发展的学术前沿及未来趋势等。学会协会的项目大多分为两类：重点项目和一般项目。其中，对于重点项目会给予一定额度的经费资助，对于一般项目多是鼓励或建议申请人所在单位给予经费配套。

如浙江省建筑业技术创新协会设立的项目为年度项目，项目实施周期一般不超过 2 年；协会年度项目分为 A、B 两类，A 类项目为协会重点项目，B 类项目为协会一般项目。申请浙江省建筑业技术创新协会科研项目要求：

（1）研究目标明确；

（2）符合浙江省建筑业发展规划、产业和技术政策；

（3）具有一定的理论或技术创新性，预期技术水平达到国内先进及以上；

（4）预期经济、社会效益良好，具有推广应用价值；

（5）项目承担单位为法人单位，并具有相应的科研人员、物资、设备、经费等科研开发条件；

（6）项目负责人原则上应为项目第一承担单位现职人员，一般应具有中级及以上技术职称。特殊情况下确需聘请其他单位人员为项目负责人的，项目第一承担单位应与其签订聘用合同；

（7）项目组成员结构合理，且相对稳定，不得挂名。

二、企事业单位委托的项目

企业为解决生产实际中遇到的技术难题、优化制度、改进工艺流程、研发产品等而委托的项目，一般被认定为横向项目，职业院校老师可以根据自身专业特长、研究特长等予以对接承担。企事业单位委托项目的特点是研究周期短、要求质量高，大多需要深入调研，因此项目研究团队的合理性和符合性很重要。

企事业单位委托的项目多为政策规划、调查分析、方案制定等，要求项目研究的成果能够成为决策支撑，因此要求项目负责人必须具有政策分析、数据挖掘、趋势预测、提出对策建议的能力。

第五节　项目类别与申报来源的筛选

项目申报的源头很多，类别和级别也各不相同，如何从众多来源中选择适合自己拟申请的项目，这非常关键，也直接关系到项目的获准率。

一、认真理解和掌握申报指南

科研人员应该熟悉项目来源、项目类别、申报起止时间、申请书格式、递交份数、准备资料、申请注意事项等。了解支持方向和重点，选准研究领域并严格按照申报指南要求申报立项。一般来说，申报人员不仅要重视立项依据、创新性、研究方法、技术路线、预期成果等，还要严格遵守申报指南规定，否则在评审初审时就会被否决。

二、明确项目定位，选准研究方向

项目研究定位决定了项目的层次，如果项目研究定位在本单位，项目的类别就应是校级项目；如果项目研究定位在本市、本行业，可申报厅局级项目；如果项目定位在全省，可申报省级或省域范围的研究项目；如果项目研究定位在全国，则可以申报全国性的项目。

明确定位后，要针对项目来源仔细分析申报指南中的亮点课题，结合本单位、所学专业、所从事专业及学科特色等，选准研究方向；注重科研项目要为产业政策服务，研究成果要为本地经济、科技和社会发展服务；项目研究要具有创新性和前瞻性；要了解学科的国内外先进技术水平；要认真查阅文献并积极追踪学科及相关学科的最新理论、方法与技术；既要借鉴国外先进技术水平，又要结合我国国情。

三、项目选题要注重跨学科的融合

信息技术飞速发展的今天，项目研究的内容往往涉及多个领域，因此申报中要注意学科之间的交叉和渗透，如单纯研究一个领域而不借助其他领域很难做出成果。申报过程中要积极主动地与其他高校科研机构及科研人员联系、取长补短，鼓励以团队的形式联合申报，团队之间要做到分工明确、团结协作、资源共享，以提高项目申报的获准率。

第二章

项目的选题

教科研的科研课题始于问题。职教教师进行教科研首先要有一个好的研究课题，这对开展教科研具有重要意义。但课题从何而来？怎样选择？熟悉课题形成的来源和步骤，学会选择课题是每一个职教教师开展工作的起点，也是职教教师的必备知识。获取全面的资料，选择其中较为典型、新颖的材料是教师的基本功，也是反映课题研究深度的关键所在。进行课题研究的构思与设计，确定行动的计划和方案，是课题顺利研究的保证措施，是课题具体化的中心环节，同时也便于检查和自我检查。

第一节　教科研项目课题及其类型

职教教师的教科研课题一般来源于教育中的一些问题，但教育问题并不能都成为教科研课题。教科研课题就是针对教育过程中具有普遍意义的一些特定问题，这些问题既有明确而集中的研究范围，又有确定的目的和任务。要进一步了解什么是教科研课题，就需要了解教科研课题的类型。

根据研究目的，一般可将职教领域教科研课题分为基础性研究课题、应用性研究课题两类。

1. 基础性研究课题

基础性研究课题又称为理论性研究课题，是揭示教育现象本质，阐明教育的客观规律，概括教育的基本教育理论原则，发展和完善理论的课题。基础性研究课题基于教育的客观规律，寻找新的事实，发现新的理论和重新评价原有理论，它回答的是"为什么"的问题，具有高度的抽象性及理论的体系性、效益的长期性及研究的连接性。

实例 2-1：关于职业教育本质、职业教育目的论、教学过程规律、职业教育评价性等主题的研究，其目的在于建立具有中国特色的现代职业教育科学理论。这类课题一般不针对某一具体教育现象，其研究成果具有普遍的指导意义。

如针对教育基本理论研究，有"职业教育主体性教学研究""职业教育评价理论研究"等课题；

如针对教育事业发展研究，有"职教素质教育理论的研究""职业教育的办学指导思想研究"等课题；

如针对教育历史遗产的研究，有"黄炎培职业教育思想研究""孔子职业教育思想的大德育观研究"等课题；

如针对中外职业教育经验和现状研究，有"德国双元制职业教育理论研究"等课题。

2. 应用性研究课题

它是针对某一具体的实际应用目标而进行的科学实验和技术性研究。教育的应用性研究具有实际应用价值，把科学的基本理论知识转化为教育技能、教育方法、教育手段和教育方案，从而使教育理论同教育实践结合起来，达到某种具体和预定的目标。这种研究是回答"是什么"的问题，直接解决教育管理和教育改革中的实践问题，是理论联系实际的关键环节。其研究特点是使基础理论研究成果具体化和实用化。目前绝大多数教育研究是应用性研究，具体如表2-1所示。

表2-1　国家教师科研基金会"十二五"科研规划课题选题参考（部分）

1	建立学习全程以就业为导向的职业教育培训模式实践研究
2	行业职业道德教育的实践研究
3	以工学结合、校企合作、顶岗实习为基本形态的教学改革的实践研究
4	适应就业的课堂教学内容、方法改革的实践研究
5	学校教育与职业技能培训并举的教育模式的实验研究
6	双师型教师队伍建设的内容、方法、考核评价与激励机制的研究
7	教师双来源（生产一线、毕业生）、互渗透提高的实践研究
8	建立社会实训基地的政策、策略、方法、途径的实践研究
9	以职业技能竞赛带动技能练兵的实践研究
10	提高高职院校科研工作水平的实践研究

　　现在有不少关于国外教育改革实验的理论传入我国，如"双元制理论""多元智能理论""成长档案"等，对职业教育的教师启发很大，很多学校能将这些理论，吸收、迁移、改造、创新，并与实际相结合，从而提炼出不少实验性应用课题。

　　若对职教领域教科研课题的研究再延伸一下，可以增加开发性研究课题。开发性研究课题是建立在前两种研究的基础上，以开发能使用的教育产品为目的的研究课题。教育产品除教科书、投影片等有形产品外，也包括具有可操作性的教育教学方法或组织教育教学的策略、程序等无形产品。

第二节　课题设计的主要来源

1. 从职教教学实际问题中选择课题

职教教师选择的课题应尽量是教学实际中的问题，开展纯理论研究的教师毕竟是一个很小的群体，我们也不鼓励一般教师去开展职教理论的研究，一是研究条件相对缺乏，二是精力也有限，繁重的教学任务不允许职教教师利用大量时间去探索一些职教理论问题。每一项教育科研都是从发现问题、提出问题开始的，而课题选择的基本原则之一就是从实际出发，从问题出发，"自己上课，别人上课，课堂就是教育思想的源泉；课堂，就是创造性活动的源头，就是教育信念的园地"。因此我们建议，我们职教教师可从平常的教学实践中发现问题，确定研究的课题。

实例2-2：一位入职不久的职校英语老师在教学中发现，随着学校招生规模的扩大，学生人数不断增加，班级容量也在扩大，学生在英语课堂上得到实际训练的机会较少；课时有限而教学内容却过多，很难保证教学效果；英语教学检测机制（考级）和英语课程教学要求脱钩，现有的课程教学体系、内容和方法已经滞后，不能适应学生的水平和基础。于是这位老师结合这些问题和思索选择了研究课题"我院高职学生英语应用能力现状研究与对策"，作为院级科研项目进行申报。

课题研究与课堂教学结合是一线教师从事教学研究的捷径，广大教师以课堂教学为重点，从教学实际所须解决的问题中选择适合自己特点的研究课题进行研究，可以不断提高自己的教学水平和研究能力。

实例 2-3：上海高安路金蕴玉、冯健两位老师做过"抄生字"的实验。他们把学生分成两组，一组每次写作业抄生字 4 遍，另一组每次写作业抄生字 8 遍。他们以此开展教学实验的对比研究，并撰写了题为《一年级学生抄写生字 4 遍与 8 遍的效果比较试验》的实验研究论文，实验结果发现，抄 4 遍和抄 8 遍，学习效果无显著差异。也就是说，抄 4 遍就可以，还有 4 遍白抄了。这就为减轻学生学习负担提供了依据。

针对研究结果的建议是：

（1）抄写生字 4 遍和 8 遍这两种方法的效果差异是不显著的。如果教师在课堂教学中注意从学生实际出发改进教学方法，帮助学生掌握学习汉字的规律，提高学生学习积极性，那么就能既减轻学生负担，又达到巩固生字的目的。实验中还可看出，学生抄写 4 遍的字迹要比抄写 8 遍端正得多。

（2）减轻学生负担是以改进教学方法为基础的。我们曾在实验时，用同样内容在外区一所小学的 49 名一年级学生中做了测验，该校学生抄写生字量一般是 16—24 遍，但巩固程度却低于上述小学平均水平（测验的平均成绩为 91 分，差异系数为 0.15）。这说明采用以量代质、以量取胜的写作业方法是不能达到预期效果的。

2. 教师在学习中发现问题，选择研究课题

在开展教学研究中，教师可以针对教学中某一侧面进行思考，也可以抓住某学科普遍性的问题进行探索；可以对已有的教育教学理论进行质疑，也可以对他人的教学经验进行检验。因此，在阅读教育教学刊物相关文章的过程中，在听专家的报告时，在参加学术论文交流活动的茶余饭后去思考自己教学中的问题，可以生发许多灵感，得到不少启迪。在借鉴他人成功做法的同时思考如何改进自己的教学工作，研究课题便

有可能应运而生。在提倡创造性研究的同时，一线教师也可以进行一些重复性、验证性的课题研究，这也是一种学习，一种提高。

实例 2-4：我国著名幼儿教育家陈鹤琴从儿子出生的那一刻起，便系统地观察、记录儿子的一举一动，历时 808 天。他把 808 天的观察笔记加以整理，写成《儿童心理之研究》一书。这本书影响很大，得到陶行知的高度评价。

这样的事情说起来我们也能做，但我们做不到用心、用情，可能只是完成一项任务；教育家陈鹤琴就会坚持每天观察，每天记录，每天思考，每天升华，这就是大教育家和我们普通老师的区别之处。

实例 2-5：苏联教育家苏霍姆林斯基在几十年教育生涯中曾观察过 3700 名学生，他针对每名学生都写了观察日记。他白天从事教学和行政工作，晚上进行科学研究，观察笔记写了 2000 本本子。他一生撰写了 41 部专著、600 多篇论文、1000 多篇供儿童阅读的童话和短篇小说，其中《给教师的 100 条建议》等著作享誉世界。他的著作是对学校教育的真实情况的反思和归纳，对教育现实具有实实在在的指导意义。他的教育理论被誉为"活的教育学""学校生活的百科全书"，他本人也被誉为"教育思想的泰斗"。

3. 从省、厅、区（市）、县各级教科研研究课题指南中选择课题

教育科研课题的另一个重要来源，是各级教育科研管理部门制订的《教育科研规划课题指南》。从国家教育部到各县级教育行政部门，每 5 年都要制订一个规划课题指南，提供多领域、多层次、多类型的科研系列课题，供各级各类学校及各教育科研部门选择申报。围绕这些课题，结合本地和学校的实际，可以分解出很多研究课题，教师可以从中选择适合自己研究的课题。如全国教育科学"十三五"规划 2020 年度课题

组织发布的重大招标和重点课题指南（部分）（见表2-2）。

表2-2 2020年度全国教育科学规划国家重大招标和重点课题指南（部分）

序号	项目名称
1	中国特色社会主义教育制度优势及转化为治理效能的实现路径研究
2	职业教育类型特征及其与普通教育"双轨制""双通制"体系构建研究
3	新时代提高教师地位的政策体系研究
4	把制度自信教育融入国民教育全过程的实践路径研究
5	新时代"五育"融合实践路径与评价改革研究
6	"十四五"期间我国高等教育发展目标与推进策略研究
7	面向2035中国教育对外开放战略及推进策略研究
8	学生身体素质提升的有效路径研究

第三节　教科研选题的步骤

1. 课题调研

调研与考察是对有关课题的历史、现状及发展趋势进行调查研究，要掌握前人对有关课题已经做了哪些工作，还存在什么问题，问题的关键在哪里，已经得出什么结论，有什么经验和教训，以便在新的起点上选择课题。

2. 课题选择

根据调研和实际考察的结果，初选问题，认真分析，运用后面将涉及的选题原则，从诸个问题中优选出一个适宜的课题，然后进一步研究如何进行课题研究工作，给出初步的研究计划和几种可行的研究方案，提出开题报告。开题报告一般包含以下内容：课题来源，研究目的和意义，国内外现状和发展趋势，主要研究内容所应用的方法，完成课题的主客观条件，研究期和所需要的经费，需要有关部门解决的问题，等等。开题报告是有关部门组织同行专家对课题进行可行性研究和审批课题的重要依据。

3. 课题论证

课题论证是指对课题进行全面的评审，看其是否符合选题的基本原则，并分别对课题研究的目的性、根据性、创造性和可行性进行论证，以确定选题的正确性，课题论证一般采取同行专家研究评议与管理部门决策相结合的方式进行。评议内容包括：课题的研究目的和预期成果是否符合社会实践和教育发展的需要；开题报告对国内外现状和发展趋势分析是否正确；课题执行的论据是否充分、可靠；课题的社会意义和经济价值如何；课题所采用的初步研究计划和技术路线是否先进、合理、可行；课题的最后成果是否具有可推广性；课题负责人和课题组人员能否胜任课题的研究任务；提供该课题所需条件的必要性和实现的可能性；等等。

4. 课题确定

经过课题论证之后，该课题若通过，即课题确定。若没通过，该课题则被淘汰，需再按照选题的程序和原则，另行选定其他课题。

职教教师在面临诸多急需解决的实际问题时，究竟该选哪一个问题作为课题进行研究？笔者认为，职教教师筛选当前要研究的项目课题的标准可概括为 6 个字：想做，可做，能做。所谓"想做"，就是指从当前的问题库中选择自己最想解决同时也是最需要解决的问题，作为项目课题进行研究。教师最想解决、最需要解决的问题是什么，他自己最清楚，因为每个教师所处的环境及其自身的条件都不同，各人的需求不一样，这就要求教师根据自己的需求慎重选择。"可做"，是针对教师自身的条件而言，指进行项目课题研究时必将教师的经验、素养、时间、精力等因素考虑在内，这些因素往往决定着教师能不能进行研究或能不能将研究进行到底。因此，必须从实际出发，在充分了解自己的基础上，做自己力所能及的事。"能做"，是针对项目课题本身而言，指选择的项目课题是职业教育教学中具体的问题，有明确的切入点，在实践中操作起来相对容易。选题太大、笼统模糊往往只是在表面上兜圈子，解决不了实际问题。

选题是项目课题研究的第一步，是解决研究什么的问题。选题是课题研究成效的关键，如果选题不当，研究就有可能"流产"，或没有多大价值。那么，选题该如何进行呢？

选题宜新，如果选择的题目只是在前人的圈子里"原地踏步"，缺少新认识、新角度和新材料等，是很难写出新意的。因此，选题必须新颖。这里的新颖，一是指抓住最新出现的问题，这就要求我们经常关注主流教育媒体的新动向，把握新热点，选准新角度，此谓"锦上添花"；二是针对原有问题，提出新观点、新思路、新的解决之道，此谓"旧瓶装新酒"。

选题宜小，微型课题题目一般不宜大，即切口要小。选题过大，一是受到时间、精力、资金等限制，短期内很难取得具体成果；二是容易写得空泛，研究得不深不透，对自己专业成长没有什么有价值的帮助。选择一个恰如其分的项目去研究，方向就会看得准确，问题可以说得深刻，结论才下得透彻。

选题宜实，选题要注意实用价值，要选择具有现实意义的题目，有现实意义的题目大致有 4 种：一是教育实践中亟待解决的问题；二是具有普遍性、整体性、全局性的客观课题；三是具有局部性、具体性的微观课题；四是教育实践中的新发现、新创造，包括空白的填补、"通说"的纠正、"前说"的补充。总之，职教教师要多结合本职工作，多研究一些具体的实际问题。

选题宜熟，立足本职工作，选择熟悉的、主观上有利于开展的课题，这是教师科研应坚持的原则。我们对自己的专业工作熟悉，有浓厚的兴趣，在长期的工作中积累了比较丰富的经验，获取资料相对方便，能得到同行的指导帮助，能发挥自己的专长，这些都是优势。

第四节　一个好的教科研课题应有的特征

1. 选题应有现实意义

选题的现实性，集中表现为选定的课题要有科学性，指导思想及目的明确，立论根据充实、合理。选题的科学性，首先表现在要有一定的事实依据，这是选题的实践基础，研究课题是从实践中产生的，具有很强的针对性，实践经验同时又为课题的形成提供一定的且确定的依据。选题的科学性，还表现在以教育科学基本原理为依据，这是选题的理论基础，其对选题起到定向、规范、选择和解释作用。没有一定的科学理论依据，选定的课题必然起点低，盲目性大。选题的实践基础和理论基础制约着选题的全过程，影响着选题的方向和水平。为了保证选题有科学的现实性，还需要对选定的课题进行充分论证。

2. 选题应有明显的价值

如何衡量选定的课题有无意义及意义的大小，主要是看两个基本方面：一是所选择的研究课题是否符合社会发展、教育事业发展的需要，是否有利于提高教育质量，是否有利于促进青少年的全面发展。这方面强调的是课题要具有重要的应用价值，选题范围要广，要从当前教育发展的实际出发，针对性要强，选取有代表性、被普遍关注、争论较大、亟须解决的问题。二是所选择的研究课题是根据教育科学本身发展的需要，是为检验、修正、创新和发展教育理论，建立科学的教育理论体系的需要。这方面的课题，在理论上要有所突破和建树，或有重要的补充和完善意义，具有重要的学术价值。教育研究的实际课题，有的强调应用价值，有的强调学术价值，有的二者兼而有之，但无论哪一种，都要选择那些最有意义的教育问题作为研究对象。正如列宁在《统计学与社会学》中所指出的，"从全部总和'从联系中去掌握事实'。那种'胡乱抽出一些个别事实和玩弄事例'的做法，'是没有任何意义的'，'或是完全起相反的作用'。这就要求我们要'从大处着眼'，用综合的普遍联系的全面观点去分析研究个别事物及其相互关系"。

这里需要说明的一点是，我们对选定问题的价值不应做狭隘的理解，不能以一个课题在研究中的成败来判定它所提出的问题的意义的有无，原因在于，人们正是在错误所导致的失败中获得许多重要的知识，从正反对比中得到经验教训。

3. 选题研究应有可行性

所谓可行性，指的是选题是能被研究的，存在现实可能性，能够具体分析。可行性包含以下3个方面的条件：

（1）客观条件，除必要的资料、设备、时间、经费、技术、人力、理论准备等条件外，还要有科学上的可能性，恩格斯说"我们只能在我们时代的条件下进行认识，而且这些条件达到什么程度，我们便认识到什么程度"。

（2）主观条件，指研究者本人原有知识、能力、基础、经验、专长，以及所掌握的有关这个课题的材料及对此课题的兴趣。也就是说，要权衡自己的条件寻找结合点，选择能发挥自己优势特长的课题，有的人擅长实践操作，就不一定非选理论研究课题；而在一个课题协作研究组当中，不同特长的人优势互补，才能真正发挥整体研究效益。对于刚"学步"的年轻人来说，最好选择那些自身考虑长久、兴趣最大的课题。而在教育第一线从事实践工作的教师，选题最好小而实，自己提出的研究问题，更容易激发信心和责任感，更容易发挥创造性。总之，知己之短长，扬长避短，才能尽快出成果。

（3）时机问题。选题必须抓住关键性时期，什么时候提出该研究课题要看有关理论、研究工具及条件的发展成熟程度。如提出过早，问题会攻不下来。如几年前有人曾尝试从生理学角度，通过对脑电图的研究来考察人的认识规律，由于各方面条件还不具备，只好重新调整。提出过晚，又会被认为是亦步亦趋、毫无新意。正如贝弗里奇所说的，如何辨别有希望的线索，是研究艺术的精华所在，具有独立思考能力，并能按照其本身价值而不是按照主宰当时的观念去判断佐证的科学家，最有可能认识某种确属新东西的潜在意义。

在教育科学研究中经常出现以下选题不当的情况：一是范围太大，无从下手；二是主攻目标不十分清楚；三是问题太小，范围太窄，意义不大；四是在现有的条件下完成课题研究工作太难，资料缺乏；五是经验感想之谈，不是科研题目。因此正确选题并非一蹴而就，它要求研究者不仅要有科学的教育理论指导，还要坚持唯物主义观点，从实际出发，通过对事实材料的分析比较，发现和抓住重要问题；不仅要把握该领域理论研究的全局，而且要对教育实际有深入的了解；不仅要有问题意识，而且要了解和掌握选题的有关知识和方法，不断提高自己的选题能力和评价、创新等综合能力。

4.选题目标应明确

选定的课题一定要具体化，界限要清，范围宜小，不能太笼统。课题是否具体适度，往往影响全局的成败，那种大而空、笼统而模糊、针对性不强的课题往往科学性差，只有对选题有清晰透彻的了解，才能为建构指导研究方向的参照系提供最重要的依据。因此不宜把课题选得太宽、太大、太复杂。

5. 选题应有独创性

选定的课题应是前人未曾解决或尚未完全解决的问题，通过研究应有所创新，有时代感。

要做到选题新颖，就要把研究课题的选择放在总结和发展有关学科已有的实践成果和理论思想的基础上，没有这个基础，任何新发展、新突破都是不可能的，科学上的任何重大成果，几乎都是科学工作者在前人工作成就的基础上一步步取得的，即使是被认为非常新的、第一次开辟的领域，也仍然是由以前或同时代的人的工作成就提供了条件。因此，要通过广泛深入地查阅文献资料和调查，搞清所要研究课题在当前国内外已达到的水平和已取得的成果，要了解是否有人已经或者正在或者将要研究类似的问题。如果要针对同一问题进行研究，就要对已有工作进行认真审视，从理论本身的完备性、研究方法的科学性进行高度的评判性分析，在此基础上，重新确定自己研究的着眼点，只有在原有研究成果基础上的突破和创新，才有研究的意义。

第三章

项目名称的选取

　　开展教科研活动，碰到的第一个问题就是要申请相关教科研项目，而申请项目就得选择一个合适的研究课题。

　　选择并确定课题名称是教科研的第一步，也是十分关键的一步。就好比打一口井，首先要找到一个好的泉眼。伟大的科学家爱因斯坦在《物理学的进化》中指出："提出一个问题往往比解决一个问题更重要。"英国科学家贝尔纳也曾指出："一般来说，提出课题比解决课题更困难。"可以这么说，选题关系到研究的成败，也决定着研究可以走多远。课题选得好，得心应手；反之则事倍功半，甚至可能半途而废。

　　另外，课题名称好坏还是决定能否立项的重要因素，一个好的课题名称能大大提升立项的可能性。

第一节　项目研究类别的分析

从目前职教领域教师们在申报一些职教科研项目的情况来看，大致可分为两类：一类是有明确的研究类别，即研究范围的要求；另一类是只有比较笼统的申报要求。但不管怎么样，都需要申报者花很多时间来研究项目设立者的研究类别等要求，申报的课题若超出这些范围就会在形式审查中被淘汰。

实例 3-1：在由浙江省人力资源和社会保障厅、浙江省中华职业教育社下发的《关于开展 2020 年浙江省中华职业教育科研项目申报工作的通知》（浙社发〔2020〕2 号）中明确了科研项目的申报范围为黄炎培职教思想和工匠精神研究、产教融合和现场管理研究、职教就业创业研究及温暖工程研究等 4 个研究方向，其他研究方向的科研项目不予受理。

另外，在项目申报书的填写说明中，对"研究类别"的含义进行了进一步的解释。

黄炎培职教思想和工匠精神研究（A 类项目）是指通过研究黄炎培职业教育思想和工匠精神的内在联系，对新时代工匠精神培育进行的理论研究工作；

产教融合和生产现场管理研究（B 类项目）是指对产教融合内涵和产教融合实施方式等方面的研究，包括生产现场管理研究等应用性研究；

职教就业创业研究（C 类项目）是指结合职业教育对职教学生就业创业工作的理论和应用研究；

温暖工程研究（D 类项目）是指通过职业教育、职业培训等职教活动，为迫切需要就业和优化就业条件的弱势群体提供服务，协助党和政府解决城乡富余劳动力就业问题，使劳动力资源得到合理配置等的相关研究。

很显然，项目设立者对项目申报的范围已经做了非常明确的规定，项目申报者不能超越这个范围，如：结合职业教育专业研究的技术性科研项目（指专业研究科研项目）、职业教育的常规教学改革研究（指一般的课程研究和教学改革研究）等都不在此列。

因此，申报者应该对项目设立者规定的项目范围和研究类别进行认真的思考和分析。

表 3–1 所列的科研项目就是因为申报范围不在此列而在形式审查中就被淘汰了，但并不是说这些科研项目的设计和研究水平存在问题，只是投错了地方。这也说明项目申报者对申请范围的理解还不够到位，这些项目还可以继续在其他项目机构进行申请。

表 3–1　研究项目不在申报规定范围内而淘汰的项目

序号	项目名称
1	"互联网＋"乡村振兴下职业教育与农村电商产业集群联动研究
2	高职百万扩招下社会学生课程改革研究——基于学前教育专业的分析
3	论职业教育在劳动力资源优化与重配置中的引领作用
4	在线学习互助组：影视寒流下"横漂"文化拓展教学模式研究
5	高职物流管理专业以"学训赛"促创的人才培养模式研究
6	基于父母职业背景调查下的高职学生职业价值观培育研究
7	新时代下青年职业教育研究：基于"斜杠青年"现象论析
8	乡村振兴视域下高职园林学生乡村情怀培育路径探索
9	生命视域下高职教育内卷化的破解路径研究
10	新时代司法警官职业教育供给侧结构性改革的战略研究

2020 年初爆发新型冠状病毒感染的肺炎疫情后，浙江省教育科学规划领导小组办公室发布了《关于开展 2020 年浙江省教育科学规划课题"疫情与教育"专项课题申报工作的通知》（浙教科规办〔2020〕6 号），将申报主题规定为仅限于新型冠状病毒感染的肺炎疫情发生以来，学校教育面临的问题与对策研究，是实践性、应用性的研究。课题不设指南，但教科研人员在选题上要突出教育系统抗击疫情的背景，注重问题的真实性和代表性。

这个主题明确是针对"新型冠状病毒感染的肺炎疫情"的教育研究及对策，其他职业教育研究则不在此列。

表 3-2 所列的是 2020 年浙江省教育科学规划"疫情与教育"专项课题立项名单。

表 3-2　2020 年浙江省教育科学规划"疫情与教育"专项
课题立项名单（第一批，部分）

序号	课题编号	课题名称	单位
1	2020YQJY005	"因势而新"高校专业课程育人战"疫"路径研究	浙江长征职业技术学院
2	2020YQJY014	重大疫情中青少年心理疏导与干预模型研究	宁波大学教师教育学院
3	2020YQJY018	疫情背景下 SPOC 教学模式的构建与研究	浙江经贸职业技术学院
4	2020YQJY019	新型冠状肺炎疫情期间高校应急机制的构建	浙江长征职业技术学院
5	2020YQJY020	重大疫情应对中大学生思想政治教育路径研究与实施——以浙江商业职业技术学院为例	浙江商业职业技术学院
6	2020YQJY022	基于疫情背景下中职开放课堂线上教学实践研究	温岭市职业技术学校

序号	课题编号	课题名称	单位
7	2020YQJY030	疫情期间高校学生在线教育参与意愿影响因素及对策研究	浙江工商职业技术学院
8	2020YQJY041	新冠肺炎疫情期间护理实习生心理健康状况调查与危机干预模式构建的研究	杭州职业技术学院
9	2020YQJY052	高校危机教育视角下的重大疫情谣言抑制研究	浙江警官职业学院
10	2020YQJY074	灾疫伦理教育立体多维式融入高职思政核心体系的实证研究	温州职业技术学院

由表 3-2 可知，这些立项的选题都是紧扣"疫情与教育"这个主题，若申报一些常规的研究项目是不合适的。

有些地方的教育科学规划管理部门一般会以 5 年为一个周期发布"课题指南"，有的还发布"年度课题指南"。这些"课题指南"都会比较全面地提出一个时期内需要重点关注和研究的教育领域或研究方向，具有很强的指导性。我们可以从自身教育教学实际出发，从中选择适合自己研究的课题。但是，"课题指南"一般就大的方面或方向提出课题建议，我们在确定具体课题时往往需要对其进行细化或分解。当然，有一些合适的也可以直接选用。

第二节　成功率高的项目名称的特征

成功率高的项目名称有没有共同的特征？下面我们先来分析一下项目名称的一般特征。

职教教师在自己的专业领域都有相应的通用术语，如文学领域的"批评、辑佚、校勘、译介、考证、经典化、蜕变、重述"等，管理学领域的"需求、消减、适应、品牌化、错配、优质、监控、高效"等，专业学者对这些特征名称都是非常熟悉的。职教领域很广，但每一个领域的特征名称是相对固定的。

还有一些名词的使用频率较高，逐渐成了各学科都通用的词，其也反映了各学科的共性问题，如理论的"分类、本质"等，方法的"耦合、协同、比较、交叉"等。有些名词已完全术语化，如"控制、测度、机理"等；有的则由普通词语转来，还在术语化路上，如"平民、维系、下滑、获得感、幸福感"等。广东外语外贸大学黄忠廉教授通过对课题项目名称的大数据分析，总结出如表3-3所示的一般课题名称高频词，供大家参考。

表 3-3　一般课题名称高频词表

类型	举例
单音节词	快、慢、新、旧、增、减、欠、再……
双音节词	保护、本体、比较、变革、变迁、并轨、并举、波动、波折、补偿、布局、参与、测度、成因、冲突、传播、传承、创新、错配、搭建、导入、导向、得失、低效、对策、对话、对接、多边、多维、多元、多重、遏制、发掘、发展、翻译、反思、反应、防范、防控、分级、分类、分析、分享、风险、孵化、扶持、改革、改建、改善、改造、干预、高效、更新、公平、共处、共建、共享、构建、观察、管控、罕见、互动、互鉴、互融、化解、机理、机制、辑录、辑佚、加快、加强、价值、监测、监控、建构、建模、健全、降低、交融、结合、解读、介入、界定、进程、纠纷、救助、抉择、均衡、开展、考证、框架、困境、扩张、理解、联动、流动、垄断、路径、落实、矛盾、明确、模拟、模式、模型、耦合、培育、配置、批判、批评、匹配、评估、启示、契合、前沿、趋势、诠释、认同、嬗变、嬗迭、涉华、深刻、升级、识别、实施、实效、实证、适应、收集、双重、缩小、提炼、提升、挑战、调查、调控、调试、调整、推进、退出、蜕变、妥协、挖掘、完善、危机、违背、维护、维系、稳定、稀见、系统、下滑、下降、消减、校勘、效应、协商、协同、新探、新型、形成、兴起、修复、修正、需求、选择、延伸、演变、演化、演进、扬弃、译介、意义、引导、营建、影响、应对、应急、应用、优化、优劣、优质、诱发、预测、预警、源流、约束、运行、再造、增速、增长、障碍、诊断、振兴、征编、整合、整理、支持、执行、治藏、治疆、治理、重大、重构、重建、重述、重要、重组、转变、转化、转型、转移、追究、追踪、走向、最新……
多音节词	本土化、常态化、大众化、分阶段、规范化、合理化、获得感、经典化、可持续、模式化、品牌化、欠发达、时代化、数字化、稳增长、现代化、新进展、一体化、有利于、约束力、再分布、再分配、再生产、长效化、指导力、中国化、主导型、历时发展、前沿问题、未来走向……

　　按照这个思路，读者可以结合职教科研项目的实际情况，通过对近几年浙江省教育厅科研项目、浙江省教育科学规划项目、浙江省人社厅科研项目、浙江省中华职业教育科研项目的立项科研项目名称进行大数

据统计分析，列出一些常用名词的项目名称，从而为后续申报相关课题提供参考意见。

下面就项目题目如何让评审专家看后感觉有研究价值提供一些思路和方法。

题目鲜明才能给一个对你单位和个人完全陌生的评委留下深刻的印象，这往往是评审项目最夺目的看点之一。一看题目，评委没有兴趣甚至讨厌，项目就很难申请成功（当然还有其他可能欣赏的评委，但评委的感觉一般是差不多的）。命题是语言的艺术，言有所为，以言行事，以言成事。题目欲求鲜明，一位资深专家总结为一动、二形、三褒贬。动词可以彰显研究的动感，形容词可以表明研究的价值和对象的性质，褒贬性名词可以折射申请人的态度。

题目中的动词多是表示动作行为、心理活动或存在变化等的词，如"批评、禁止、提升"等表示动作行为，"变化、消亡、发生、演变、嬗变、进展、发展、老化、现代化、老龄化"等表示存在变化，"想象、思维、认识、认知"等表示心理活动。例如，"职业院校产教融合的现实困难与理论突破研究"等。

题目的形容词主要是性质形容词，用于描写或修饰名词，表示人或事物的性质或属性，如"大、小、快、高、低、新、强、软"等单音节词，"现代、新型"等双音节词。例如，"区域协调发展中职业教育融合的政策治理研究""长三角职业技能证书融合互认新方略研究"等。

名词，尤其是某些抽象名词，可以表示性质、行为、状态、感情等抽象概念，表示具有某种性质的人或事物，使某些名词带有社会评价性，产生褒义或贬义。题目若能褒贬分明，或暗含褒贬，该肯定则肯定，该否定则否定，如"得失、利弊、快慢、优劣、增加、降速、垄断、阻断、援助"等。不置褒贬者表明态度时不鲜明，不易引起评委关注。例如，"新时代高等职业教育阻断贫困代际传递的制度设计研究"等。

表 3-4 所示为全国教育科学"十三五"规划 2020 年度课题申报批准立项课题（全部批准项目是 436 项）中有关职业教育的课题名称，请大家认真分析和思考并寻找相应的规律。

表 3-4　全国教育科学"十三五"规划 2020 年度课题立项课题
（职教类共 31 项）

序号	课题批准号	课题类别	课题名称	负责人	工作单位
1	VJA200003	国家重大	职业教育类型特征及其与普通教育"双轨制""双通制"体系构建研究	×××	北京电子科技职业学院
2	BMA200040	国家一般	"后扶贫时代"民族地区教育扶贫问题研究	×××	深圳职业技术学院
3	BJA200094	国家一般	新时代积极职业教育范式的行动研究	×××	江苏理工学院
4	BJA200095	国家一般	基于"三教"改革的职业教育教学质量监测体系研究	×××	南通大学
5	BJA200096	国家一般	职业教育与产业融合发展的社会支持机制研究	×××	江西科技师范大学
6	BJA200097	国家一般	具有企业经历人员担任职业院校教师的角色转换障碍与干预策略实证研究	×××	吉林工程技术师范学院
7	BJA200098	国家一般	数字化时代高水平高职学校"三教"改革路径研究	×××	浙江金融职业学院
8	BJA200099	国家一般	新时代农民工城市创业"精准培训"政策及模式研究	×××	宁波大学
9	BJA200100	国家一般	职业教育产教融合型城市建设的机制与策略研究	×××	同济大学

续　表

序号	课题批准号	课题类别	课题名称	负责人	工作单位
10	BJA200101	国家一般	高职院校科技成果转化生态系统构建研究	×××	福州职业技术学院
11	BJA200102	国家一般	新时代高职院校"三全"育人模式的理论与实践创新研究	×××	山东理工职业学院
12	BJA200103	国家一般	我国本科职业教育质量指数构建与应用研究	×××	山东英才学院
13	BJA200104	国家一般	类型教育构建背景下职业本科教育人才培养模式研究	×××	山东省教育科学研究院
14	BJA200105	国家一般	高等教育产教融合质量协同治理体系研究	×××	娄底职业技术学院
15	BJA200106	国家一般	类型教育视野下我国高层次应用型人才培养模式变革研究	×××	辽宁大学
16	BJA200107	国家一般	首批"本科层次高等职业教育试点大学"运行监测研究	×××	西安外国语大学
17	BJA200108	国家一般	我国中等职业教育贫困生资助制度公平性研究	×××	赣南师范大学
18	BIA200184	国家一般	新时代高等职业教育阻断贫困代际传递的制度设计研究	×××	扬州大学
19	CJA200255	国家青年	现代职教体系构建背景下我国职教高考制度的基础理论与实践模式研究	×××	华东师范大学
20	CJA200256	国家青年	就业不确定性下的精准技能培训对策研究	×××	陕西师范大学
21	DJA200307	教育部重点	中国高等职业教育口述史研究（1998—2020年）	×××	大连职业技术学院

序号	课题批准号	课题类别	课题名称	负责人	工作单位
22	DJA200308	教育部重点	高职院校依托"农技小院"创新新型职业农民培养模式研究与实践	×××	襄阳职业技术学院
23	DJA200309	教育部重点	现代职业教育省级治理绩效评价指标体系的构建研究	×××	吉林工程技术师范学院
24	DJA200310	教育部重点	"双高计划"背景下高职院校现代学徒制推进策略研究	×××	西安航空职业技术学院
25	DJA200311	教育部重点	大健康背景下"1+X证书"与"护理+"人才培养模式融合的研究	×××	山西卫生健康职业学院
26	DJA200312	教育部重点	职业教育对非遗扶贫产业化支持的实践模式和绩效评价体系研究	×××	桂林理工大学
27	DHA200383	教育部重点	中职学校HOPE生涯教育模式的构建与应用	×××	宁波建设工程学校
28	EJA200398	教育部青年	基于"鲁班工坊"提升中国参与全球职业教育治理的能力及策略研究	×××	天津市教育科学研究院
29	EJA200400	教育部青年	分类视角下省域高水平高职院校差别化发展研究	×××	浙江农业商贸职业学院
30	EJA200401	教育部青年	高职院校"双师型"教师专业能力标准体系构建及应用	×××	重庆电子工程职业学院
31	EHA200422	教育部青年	跨专业教育（IPE）在医卫类高职院校的应用研究	×××	南京卫生高等职业技术学校

第三节　项目名称选取的注意事项

高质量的项目名称会给评审专家留下非常好的第一印象，起到画龙点睛的作用。一个具有鲜明的主题、清晰的概念、突出的特点的项目名称对项目评审有非常好的促进作用，所以申请人对申报项目的名称要经过充分研究。说起来容易，真正要做到就须花很多功夫，也只有多看、多练才能慢慢找到感觉。

1. 项目名称拟定时常见的一些问题

（1）全是熟词组成。即题目全由熟悉的词组合而成，既无原创式全新术语，又无由旧术语构成的组合式新术语。

（2）语言残缺不全。只有对象无标题用语，即无"研究"类标记词。

（3）表达欠准确。概念不严，内涵不清，外延不周全。

（4）题目欠简明。虽无副标题，但冗长，词语化程度不高。

（5）套用成分大。比如"基于 A 的 B 研究""A 视域下 B 研究""A 下的 B""A 与 B 研究"等固定标题模式。

（6）宽散文化表达。泛化对象，不能一目了然。

（7）研究目标欠鲜明。或无动词，少动态；或无形容词，少价值判断；或无褒贬，态度不鲜明，未突出核心内容。

（8）过于专业。新术语过多，信息密度过大，不能赢得多数专家认可。

2. 课题名称宜小不宜大

这里所说的"大"和"小"是指课题研究的内容和范围，不是指课题研究的价值。课题"大"和"小",是相对的,因研究者的身份、研究经验及所处的客观环境而异。大多数职教教师的科研训练不足,平时在学校讲课的任务又很重,所以在选择教科研项目时要结合自身的条件,在确定课题名称时尽量小,这样便于把握。

(1)充分考虑自己工作范围与工作性质的优势和限制,选择自己在教育教学或学生管理中必须解决又力所能及的问题进行研究。

(2)充分考虑自己课题研究的主观驾驭能力,选择有较多实践经验或自己在某些方面已经冒尖儿、已有长项、曾有过一些成果而研究尚不深入的问题进行研究。

(3)充分考虑课题研究的客观条件,选择基于学校现有的物质设备和人文环境下能操作的课题进行研究。

一般情况下,小的课题涉及范围小,变量少,对研究者的主客观要求相对低一些,比较适合在一线教课又没有相关研究经验的职教教师;如研究者有过许多课题研究经验,课题则可以大一些,但也不宜过大,因为毕竟是在教育教学一线工作,时间、精力都有限。如果课题小,研究内容具体,研究方法便于操作,研究目标集中,则有利于较深入地解决教育实践中的一两个问题,反而更容易获得较高实践价值的成果。所以,建议职教教师在确定课题名称时,要充分发挥自己教育教学实践经验多的优势,紧密结合工作实践,做到"小题大做"。

3. 不能以文章题目代替研究课题

科研课题不同于文章题目,一项科研课题在研究的过程中或即将完成之时可以写出很多篇文章,所以不能以文章题目代替研究课题;同样,也不能把研究课题名称作为一篇论文的题目,那样就不伦不类,研究不像研究,文章不像文章。

另外,也不要为了追求词语的对仗而使用行政管理目标中常用的口号式的语句作为课题名称。如"军体合一、军教结合，开创校园军校教育新局面""唤醒主体意识，激励主体参与，发展职校学生的主体性"等。这类课题名称不能反映课题要研究的内容、对象和目标，显得大而空。这类语句不适宜作为课题名称使用。

课题名称在教科研究中有十分重要的作用，它是课题研究方向的具体化。要结合研究者自己在实践中必须解决的问题，反复推敲课题名称，注意选择明确、具体的语言来表述，使它准确地反映出课题研究的内容、范围与目标，以期取得更有价值的研究成果。

下面举例说明一位专家是如何逐步完善一个题目使之成熟的。

实例 3-2：公示语英译研究较多，对现象的研究较多，而原理研究不足。俄语界才刚刚起步，能否从再普通不过的现象中挖掘一个级别较高的教科研项目呢？

第1稿，拟作"公示语俄译研究"，太泛，太窄。

第2稿，改为"公示语俄译规范研究"，虽具体化了，仍太俗。

第3稿，改为"公示语俄译规范与国家形象研究"，与对外交流和文化走出去相结合了。

第4稿，改为"公示语俄译规范与中国形象建构研究"，其中"建构"表明需要建构，显示动态，且明确为中国形象。

第5稿，改为"中国公示语俄译规范与中国形象建构研究"，加"中国"，限定是国内的公示语俄译，但两个"中国"重复。

第6稿，改为"境内公示语俄译规范与中国形象建构研究"，第一个"中国"改为"境内"，就不涉及港澳台，缩小了空间。

第7稿，改为"境内服务窗口俄译规范与中国形象建构研究"，加"服务窗口"，升至双语服务战略，同时避用不太常见的"公示语"。

第8稿，改为"境内俄语服务窗口语言生态与中国形象建构研究"，用"语言生态"替代"规范",升至语言生态学高度,暗指当下存在着问题,即俄译生态环境不佳。

这个项目最后获批 2013 年教育部基地重大项目。

若想精益求精,"建构"再改为"重构",内涵更丰富,更显深度,因为暗指当时的建构存在问题,衬出所报课题更高一筹,则可继续修改标题:

第 9 稿,改为"境内俄语服务窗口语言生态与中国形象重构研究"。

如果再将 A 与 B 的关系进一步点明,则还可继续修改:

第 10 稿,改为"境内俄语服务窗口语言生态重构中国形象研究"。

由此看来,好题目是不厌其烦地改出来的。

第四章

项目研究意义与国内外研究现状

　　项目研究意义和国内外研究现状，是项目申报书中一个非常重要的内容。学习这部分内容，不仅可以考察项目申报人对自己申报课题目前研究范围和深度的理解与把握，也间接考察项目申报人是否阅读了一定量的参考文献，反映了申报人是否了解相关领域理论研究前沿，是否开拓思路，在他人成果的基础上展开了更加深入的研究，从而避免不必要的重复劳动或重复研究。

第一节　项目研究的背景及意义

　　项目研究的背景及意义就是课题的研究价值所在，也是专家们判断该课题是否有研究价值的重要依据，研究的背景和意义写得是否恰当对于项目申报能否成功至关重要。一般来说，研究目的和意义要开门见山地表达出来，很多项目申报者为了说清楚项目研究的背景和意义，用了大量的篇幅来说明，反而使得申报书看起来非常冗长，专家很难抓住重点。背景和意义表达清楚，评审专家才能够较明确地知道你的研究价值，判断该课题是否满足立项的基本条件。申报者在写研究背景和意义的时候要讲清楚为什么做这个项目，概括性描述课题所属研究领域的科学意义和应用价值；阐明其重要性和必要性，理由要充分，但不必过长，提出创新思想即可；阐述本项目对社会或经济的意义，以及学术价值和应用前景。

　　研究目的或意义是指通过对该课题的研究将解决什么问题（或得到什么结论），而这一问题的解决（或结论的得出）有什么意义。有时将研究背景和目的或意义合二为一。

　　这部分可以从下面几方面着手。

　　首先，要说明问题是如何发现的，即该研究的研究背景是什么，是根据什么、受什么启发而开始这项研究的，一般可以从有关国家政策及国内外关注的问题出发来提出研究问题。项目申报者最好从申报的课题所在研究领域的共性问题着手，以解决该共性问题中的某一点来开展研究，因为共性问题容易获得评委专家的认可。

怎样才算共性问题呢？一般来说，政府部门发布的工作报告中要做的事情、科研领域内大家共同努力攻克的难题都属于共性问题。

实例4-1：2016年3月5日，李克强总理在政府工作报告中提出："培育精益求精的工匠精神，增品种，提品质，创品牌。"2016年4月，国务院发布的《质量发展纲要2016年行动计划》指出："开展质量素养提升行动，塑造精益求精、追求质量的'工匠精神'。"2017年3月5日，政府工作报告进一步明确了培育和倡导工匠精神的政策意图，"要大力弘扬工匠精神，厚植工匠文化……培育众多'中国工匠'……推动中国经济发展进入质量时代"。在"工匠精神"从行业话语转向政府政策话语的进程中，实质上折射的是国家经济发展战略的转变，即发展模式从中国制造走向中国创造，从追求速度转向谋求质量提升。

本研究将基于黄炎培职教思想在对中日两国不同经济圈层的有代表性地区（东、西）的职业教育院校（公立、私立；高职、中职；第一、二、三产业相关专业）教师的"工匠精神"的理解、形成和实践进行调研的基础上，从比较教育的视角对职业教育教师"工匠精神"的现状、问题和提升策略进行分析。

本研究具有以下意义。

在实践层面上：对样本学校而言，通过对样本学校教师"工匠精神"的调查和比较研究发现问题、提出改进策略，可促进该校教师的专业发展，提升教育教学质量和人才培养质量，推动学校的健康发展。对相关职业院校而言，对样本学校的研究，能为其他职业学校审视该校教师"工匠精神"提供借鉴，有利于推动相关院校教师队伍建设、促进学校的健康发展。对教育管理部门而言，通过对"工匠精神"的比较研究，能为教育管理部门提供翔实的职业教育教师"工匠精神"资料，对其制订和调整教师队伍建设方案具有借鉴意义。

在理论层面上：完善黄炎培职业教育技术技能尖端人才培养的相关理论，对我国构建现代职业教育体系奠定了坚实的理论基础。对职业教育教师"工匠精神"相对全面、丰富、深入的调查和分析，能为教师专业发展理论研究提供有价值的事实依据，对教师专业发展理论的丰富和发展具有重要价值。

从上述项目申报书的表述中可以看到，研究者主要是通过政府的工作报告引出"工匠培养"的大问题，再从小问题入手提出该研究的意义，这样做很容易引起专家的共鸣，从而让该项目成功立项。

其次，要说明该选题在理论上的创新性。如何体现自己的创新点，这就需要申报者对已有的国内外研究现状进行分析对比，指出自己选题与各个主流观点的研究前提的差异所在，从而突出自己选题在理论上的创新性。

再次，要说明该研究的现实意义，这需要对所研究问题的实际用处有所了解，对很多选题来说，其中一个重要的现实意义是给政策制定者提供政策参考。一般来说，选题要具有"创新性""重要性""前沿性""可操作性"，也要兼顾"方法上的意义"。"创新性"与"重要性"是指研究的问题在理论上具有创新性，对理论发展具有贡献，在实践中具有重要的现实意义；"可操作性"指具有实际操作性，预期可以在规定的期限内完成；"方法上的意义"是指研究这个问题预期会使用到一些新的研究方法，但新的研究方法只是补充，重要的是研究的创新性与重要性。

下面以一些教学改革项目与科研项目的实际案例进行讲解。

实例 4-2：以 2020 年浙江省中华职教社立项的"电商企业组织氛围对高职实习生工匠精神影响的实证研究"为例。

项目申报书以浙江省中华职业教育社在 2020 年申报注意事项中突出"主要资助黄炎培职教思想和工匠精神",紧密契合了中国政府为推动从制造业大国向制造业强国转型,提出的"互联网 +"和"制造业 2025"战略。

电子商务作为数字经济的突出代表,在促消费、保增长、调结构、促转型等方面展现出了前所未有的发展潜力,也为大众创业、万众创新提供了广阔的发展空间,成为我国应对经济下行趋势、驱动经济与社会发展创新的重要动力。

项目从专项课题的申报重点引出了课题的背景,着重提到了国家的战略——"互联网 +"和"中国制造 2025";从制造业大国向制造业强国转型的需要,从现实需求引出了该项目的背景。

研究意义部分,该项目申请者从理论意义、实践意义阐述了构建高职学生工匠精神的影响,既为高职实习生"工匠精神"实证研究提供新发现,又开发了高职实习生"工匠精神"测量量表,梳理分析并验证了电商企业组织氛围与高职实习生"工匠精神"的影响关系。

该项目申报书从国家战略层面引出课题研究的背景,接着从理论和实践两个层面来阐述研究意义,最后做了一个小结。

实例 4-3:以浙江省教育厅科研项目"基于干式磨削的淬硬模具钢表面完整性实验研究"的研究意义部分为例进行分析。

随着现代制造业的快速发展,高效加工和绿色制造成为发展趋势,高精密和高附加值的零件制造对制造精度和效率提出了更高的要求。磨削加工是精密制造的关键加工工艺,广泛应用于模具制造业的精密加工。磨削加工通常作为模具制造工艺链的最后环节,其加工工艺可靠性直接影响零件加工的最终质量,而磨削表面完整性决定了产品的质量和使用寿命。另外，在磨削过程中，需要注入大量冷却液以降低磨削温度，防止工件表面烧伤，但冷却液的大量使用会造成环境污染，且其的使用和处理费用增加了制造成本。因此，高效干式磨削成为模具精密磨削加工的发展趋势。

本课题主要针对磨削表面完整性进行实验研究。通过选取不同的磨削参数，采用不添加冷却液的干式磨削方式，进行淬硬模具钢 ANSI D2 的磨削实验，实时测量磨削加工温度，检测加工表面的粗糙度、残余应力分布、表面层硬度，观察磨削后表面层组织结构，分析磨削参数对加工表面完整性的影响，从而对淬硬模具钢 ANSI D2 的磨削加工过程进行优化，提出合理的磨削参数。

文中通过对现行技术的分析，指出干式磨削的研究前景，接着阐述课题是如何解决实际问题的，点出了重大的工程应用意义。

第二节　项目国内外研究现状分析

国内外研究现状分析这块内容主要考察项目申报人员对前沿研究动态的了解和掌握程度。对研究者来说，掌握和了解别人的研究动态非常重要，只有充分熟悉自己研究领域的前沿动态，才能使自己的研究在其他学者研究的基础上有所超越和创新，否则研究犹如盲人摸象，难以有创新和突破。

国内外研究现状的撰写，要基于阅读大量的文献，对与所写课题有关的专著和论文中的主要观点归类整理，并从中选择具有代表性的文献，对其主要观点进行概要阐述，并指明对应的作者名字和年份；通过分析国内外研究现状，了解相关领域理论研究前沿，从而开拓思路，在他们成果的基础上开展更深的研究，避免不必要的重复劳动；文献的阅读和对既有研究的了解是任何一项研究活动的起点，反映出作者对研究项目的看法，这为描述问题和确定目标提供了支持，并为随后的概念思考和方法选择定下基调；阅读文献时需要做批判性思考，以便对既有研究成果的价值做出判断，通过这一过程将所读文献中的思想转变成自己思想的一部分。

国内外研究现状分析，首先围绕项目主题、主要内容和突出点展开，介绍国内外研究现状，深入分析研究问题的背景，阐明现有研究已经解决了什么问题，还遗留什么问题，分别评述国内外研究现状的不足之处，即有哪方面没有涉及，是否有研究空白，或者哪方面研究得不够深入，还有哪些理论问题没有解决，或者在研究方法上还有什么缺陷，需要进一步研究。其次，提出本研究与现有研究的本质区别，已经提高和改进之处。最后得出结论，如"综上所述，开展……研究是很有科学意义和应用价值的，因此，本项目提出……的研究很有必要"。

总之，总体思路是知道别人做了什么，存在什么问题，接下来应该做什么，是什么原因别人没有做，而我们为什么可以做到。要让评审专家认识到申报人已经做了充分的前期研究，发现了问题所在，并且有足够的科研能力和水平来解决问题。

写这块内容时要特别注意：

（1）要反映最新研究成果；不要写太多，避免在研究现状中出现过长的引文，一般没有必要列出论文中的图表，只有当不使用这些图表就无法解释时才考虑引用；不应将没有真正理解的研究列入其中；注意不要把研究现状写成事物本身发展现状。

（2）评述时，避免过激评价别人的研究成果，不能强烈否定前人过去的工作，否则会让评委对项目的印象大打折扣，可以表示因为条件局限而存在缺陷。

（3）表述应注意主次，概述具有重要代表性的研究成果和重要研究过程，引用主要文献时要体现时期或程度进展。

（4）强调本项目的必要性和重要性，常用语句如"综上所述，开展……研究是很有科学意义和应用价值的"。

实例4-4：以2020年浙江省中华职业教育科研项目"基于黄炎培职教思想的中日职教教师工匠精神比较研究"为样本，说明如何在国内外研究现状中充分阐述目前研究现状。

1.关于黄炎培职业教育思想的研究

由已有研究可见，黄炎培职业教育思想的形成经历了从普通教育到实用主义教育再到职业教育的 3 个阶段的变化。充分了解其职业教育思想的历史背景和发展历程是准确把握其理论深度的基础（刘玲，2019），其内涵可以从职业教育目的、教育办学方针研究、职业教育教学原则、职业道德教育研究、对"农村教育论"的研究五大方面展开论述（刘祥平，2002；靳培培，2013），最后形成了"大职业教育主义"观念，调动全社会的力量参与发展职业教育的中国现代职业教育思想理论体系（吴瑞霞，2017）。

上述研究集中针对黄炎培职业教育目的理论、职业指导理论以及职业道德教育思想等有关职教思想展开，针对黄炎培职业教育思想对于我国当代职教院校教师的"工匠精神"培育的指导意义的研究尚有欠缺。

2. 关于"工匠精神"的内涵

从已有研究看，"工匠精神"的内涵没有统一、明确的界定。王国领、吴戈（2016）指出，已有研究从狭义、广义两个层次进行了界定，狭义特指对品质的追求，广义则强调所有劳动者在劳动中体现出的精益求精的态度和精神。现代学者多主张广义，如李进（2016）、查国硕（2016）、姜汉荣（2016）等主张"工匠精神"与人生观、价值观相联系，提出对其深层次的理解。不少研究提出解构"工匠精神"的维度，如姜汉荣（2016）提出从"匠心、匠术、匠德"3 个层面来解构，此观点具有一定的代表性。李营、雷忠良（2018）提出"工匠精神"需体现"时代特征"，肖群忠、刘永春（2015），王芳、曹云峰（2017），钱铮、张羽程（2018）均指出"创新精神"是新时代"工匠精神"的内涵。

本研究将在已有研究的基础上，围绕匠心、匠术、匠德等传统维度，结合创新精神在新时代背景下的内涵，对中日两国案例学校的职业教育教师的"工匠精神"展开研究。

3. 关于"工匠精神"的价值意蕴

研究者多从社会精神、经济发展、学校教育、自我实现等方面分析"工匠精神"的价值意蕴。王新哲（2016）、齐善鸿（2016）等认为，"工匠精神"是职业和工作伦理的集中体现。周民良（2017）、刘建军（2017）等认为，只有弘扬"工匠精神"，才能提升我国制造业的国际竞争力。李小鲁（2016）认为，"工匠精神"是职业教育的灵魂，是职校学生应该树立的理想。肖群忠、刘永春（2015）则认为，"工匠精神"有助于工作者自我价值的实现。

4. 关于"工匠精神"培育的必要性

王丽媛（2014）、张瑛（2016）、濮海坤（2018）等从国家、企业、学校、教师、学生的角度提出培养"工匠精神"的必要性。目前，针对职业教育教师的研究虽然不多，但较全面地从教师专业发展、"工匠精神"传承、企业及职业教育发展等方面提出了培养"工匠精神"的必要性。吴艳芳（2019）指出，职业教育教师没领略"工匠精神"的内涵，不知怎样培养学生的"工匠精神"；刘晓敏、王斐（2018），贾敏（2017）认为，教师是传承和培育"工匠精神"的关键推手；董显辉（2018）则从工作、专业发展、人才培养的需要等方面分析了培养"工匠精神"的必要性。

从以上分析可知，关于担负培育"工匠精神"重责的职业教育教师"工匠精神"的研究意义深远。

5. 我国"工匠精神"缺失的原因

尽管我国"工匠精神"的历史源远流长，但各种因素阻碍了其弘扬和发展。学者们主要从历史文化、制度规范、社会风气、经济发展、文化教育等角度分析了我国"工匠精神"缺失的原因。如曹兴琴、马勇（2016）认为，"学而优则仕"的儒家文化导致"工匠精神"难以传承；喻文德（2016）认为，"士尊工贱"的职业等级观念、"重眼前，轻长远"的实用价值取向导致"工匠精神"的遗落；李宏（2015）认为，近代工业兴起导致了"工匠精神"的没落；王寿斌（2016）认为，"文革"对手工业的打击和改革开放后对经济发展速度的追求使"工匠精神"严重没落。

可见学者们对我国"工匠精神"缺失的原因有较深刻的认识，本研究将结合案例进行具体分析。

6. 培育"工匠精神"的策略

本研究针对职业院校学生、从业人员和教师3个方面展开。关于职业院校学生和从业人员"工匠精神"培养策略，学者们主要从制度建设、社会治理、教育改革、文化建设等方面进行了探讨，这些策略对职业教育教师"工匠精神"的培养有一定借鉴意义。虽然具体关于职业教育教师"工匠精神"培养策略的研究不多，但学者们从各方面较全面地提出了相关策略。朱家存（2018）、贾敏（2017）提出，将"工匠精神"嵌入教师教育，通过改革职业教育教师专业标准，调整培养目标、课程体系、教学模式等来培养；温霞（2017）、张静（2018）、薛茂云（2017）、董显辉（2018）等强调将"工匠精神"融入双师型教师队伍建设，提倡学校、企业、社会、政府的协调配合；吴婷（2017）指出，应加强师德师风建设，完善教师培训体系，健全考核与激励机制等；王建（2017）、程舒通（2018）提出，通过文化引领、岗前培训、职业生涯规划、环境营造、社会实践等措施来培养"工匠精神"。

可见学者们结合时代背景从教师教育改革、师德师风建设、政府政策支持、健全考评机制、校企合作模式等角度提出了诸多策略，但这些多为学者们结合理论学习或工作实践的思考，缺乏调研基础及和国外先进经验的对照。因此，本研究将在广泛调研的基础上，结合日本经验提出更有针对性和操作性的培养策略。

从上述例子可以看出，申报者先介绍现有的研究情况，并从中找到研究中存在的不足，从而提出自己课题研究的意义，很有说服力。

实例4-5：以浙江省教育厅科研项目"基于干式磨削的淬硬模具钢表面完整性实验研究"的国内外研究现状部分为例进行分析。

由于缺乏绿色高效磨削加工的理论研究作为指导，实际生产过程中通常选用较为保守的加工参数，使用大量切削液，以保证磨削工艺的可靠性和稳定性，获得良好的加工表面质量。但是，这造成零件加工时间较长，加工效率低。因此，磨削加工基础理论和工艺优化被广泛研究。

王长春研究了干式磨削两种主要技术——强冷风干式磨削和快速点磨削技术的工作机理及其关键技术，指出机械制造行业大力推广绿色生产技术，将有助于制造业保护环境，促进设计观念改变，通过采用绿色生产技术，进一步提高产品的技术含量，推动企业更快发展。

焦红卫分析在CNC坐标磨床上使用全干式切削加工的优势，并介绍了全干式切削对磨床的要求、磨削用量的选择、磨削热的控制和磨削裂纹的防止措施方面的技术特点。

Aurich et al. 总结了磨削加工建模和参数优化的研究现状。淬硬钢材料的磨削硬化工艺，加工表面完整性都在国内外获得了广泛的研究。

以上研究对绿色高效磨削加工——干式磨削做了初步探索研究，涉及干式磨削对机床的要求、部分加工参数的影响因素，但很多地方考虑得不够完善，对工艺参数的研究不够全面，因此，需要选取不同的磨削参数，研究各个磨削参数对表面完整性的影响规律，以实现磨削工艺参数优化，建立优化模型，为绿色高效磨削加工提供理论和技术指导。

文中对国内外同行所做的工作进行总结，点出同行所做研究工作的创新点与特色，后面的小结点出同行研究中还有一些可以继续突破的内容，引出了该研究的主要创新点。

实例 4-6：以某位教师申报浙江省教育规划课题的项目"AR 技术融入高职项目化课程改革探索与实践"为例。

1.AR 技术在高职教育中的应用

在素质教育理念持续深入的背景下，各个教育阶段都非常重视学生综合素质的提高，而高职教育作为培养人才的关键一环，采取互动教学模式能够极大地增加教学活动的灵活性和趣味性，尤其是机电一体化专业课程教学活动需要学生以更加广阔的思维来认知，其教学活动相对枯燥，而在智能化设备中应用得越来越成熟的新兴 AR 技术已经可以为教学活动提供更多的选择。

（1）AR 技术实现了虚拟和现实的结合，可以将一些枯燥的理论性知识通过计算机建模并以场景再现的方式提供给学生来进行认知，这样就极大地加深了他们对专业知识的理解。

（2）AR 技术实现了即时互动，在增强现实中的用户与环境的互动时，为教学活动提供更加多样化的互动方式或选择。

目前 AR 技术在高职教育中的应用主要体现为 AR 试验系统和 AR 实习系统，这些系统可以做到实时交互，将学生的操作过程与实验系统设计好的流程加以比较，对学生的操作技能做好评估；系统根据学生的操作方式、方法和步骤生成实验报告。

2. 项目化课程教学中存在的主要问题

（1）教学过程中采用的"项目"虽然大多数来源于企业，但不是企业生产过程中实际应用的教学案例，而是对企业真实应用的案例经过加工得到的，故未与企业相关项目进行无缝对接，相反，与企业稍有脱节，且项目单一。而通过 AR 技术可以实现多项目、多任务的实时更新。

（2）课题组成员从学生的毕业实践指导中发现，大多数学生在面对实际的项目时仍显得束手无策，不知所措，不知道从何做起，也不知道如何去完成，且需要较长时间才能适应。

（3）项目产品制作过程中，学生材料安排不合理，造成大量材料的浪费，而利用 AR 技术可以减少不必要的材料浪费。

（4）传统的讲授教学方式中，教师占主导作用，学生自主学习积极性低。学生通过老师的传授被动地接受知识，致使大多数学生逐渐养成了一种不爱问、不想问"为什么"，也不知道要问"为什么"的习惯，学生学习的主动性被忽视。融入 AR 技术可以让学生一边"玩"一边完成项目和任务，有助于增强学生学习的积极性和自主性。

（5）评价体系不够完善，目前主要采取学生自评、小组内部互评、教师评价（评价实习实训报告、学生完成的项目情况）等方式形成学生综合评价成绩。

总而言之，研究课题就是要站立在他人的研究基础上进行的，没有充分的调查就没有立项的根据。

第三节　参考文献的引用及格式要求

　　参考文献对于一篇学术论文来讲，是其结尾的一部分，对学术论文之前的科学研究来说是基础。从某种程度上说，参考文献的质量反映科研的起点、高度、视野和水平。而在科学研究、科学发现、出版过程中潜在的游戏规则中，发表时间早的拥有版权、发明发现权。引用已有文献是对前人科研工作的承认和尊重，从这个角度也能理解参考文献对科学研究、学术论文的真正意义。

　　科技刊物刊载的大部分文章多是在已有成果基础上不同程度的改进，已有成果就构成了参考文献的主体。试想，一个成人和学龄前儿童比速算，尽管这个成人算得快些，没有人会认为这个成人数学好，因为这个成人的参照物起点低。因此，要引用质量高的参考文献，基于质量高的参考文献得到的研究结果会更好，就是说成果更有价值。

　　如果只引用一个刊物的文献或只引用国外的文献，一是背离了相关性和质量标准，二是说明研究人员的视野太局限了（小学科例外），这样研究的基础就过于薄弱了。以精密机械加工领域为例，该领域许多前沿的论文和成果都在日本、德国和美国，如果文献中没有这些国家学者的论文和相关成果，说明研究人员的视野过于狭窄，没有了解研究的制高点。

　　总而言之，选取的参考文献是否合适，只需以相关性和文献质量判断即可。对作者是这样，对出版机构和文献检索机构也是这样。

　　梳理文献时，应概述近期国内外最有代表性的成果，尤其是本领域知名权威的研究成果；主要参考文献应列出 10 篇以上，重点列出近 3年国内外相关领域的研究文献，为了体现国际视野，最好多列一些相关的外文文献。

　　依据大多数人和自己的体会，引用参考文献时应该遵循如下基本准则：

　　（1）原创原则。第一篇文章是最原创的，不能不引用。

　　（2）最新原则。最好引用代表最新（近 3 年）进展的文章。

　　（3）权威原则。某个领域权威作者、权威杂志的文章，应该优先引用。

　　（4）方便原则。引用的文献能够方便快速地查到出处，方便别人也方便自己。

　　（5）必要性原则。引用文献不是罗列条目，堆砌数量，要体现必要性原则。

　　参考文献格式如下。

　　（1）图书：著者. 题名［M］. 其他责任者. 版本项. 出版地（城市名）：出版者（可以是学术团体），出版年：写出文献起止页码.

　　示例：

　　［1］　李乃夫. 电梯维修与保养［M］. 北京：机械工业出版社，2014：35–38.

　　［2］LI N F. Elevator repair and maintenance［M］. Beijing: Mechanical Industry Press, 2014:35–38.

　　另外，多次引用同一著者的同一文献时，在正文中标注首次引用的文献序号，并在序号的"［　］"外著录引文页码。

　　示例："改变社会规范也可能存在类似的'二阶囚徒困境'问题；

尽管……，但个人理想选择使得没有人愿意率先违反旧的规范[1]。……事实上，……苏格拉底、柏拉图和亚里士多德3位圣贤都是民主制度的坚决反对者[2]250，……一切后世的思想都是一系列为柏拉图思想所做的脚注[3]。……据《唐要会》记载……。佛教受到极大的打击[2]326-329。……陈登原先生的考证是非常精确的，……，指出：'以上谓等威之辨，尊卑之序，由于饮食荣焉。'"[4]

参考文献：

[1]……

[2]……

[3]……

[4]……

（2）科技报告：著者. 题名，报告编号（如果有）[R]. 保存地（城市名）：保存者（可以是学术团体），年份.

示例：

[1] US Department of Transportation Federal Highway Administration. Guidelines for Handling Excavated Acid-producing Materials，PB 91-19400 [R]. Springfield：US Department of Commerce National Information Service，1990.

（3）学位论文：著者. 题名[D]. 保存地（城市名）：保存者（一般为大学或研究机构），年份.

示例：

[1]徐兵.采用蓄能器的液压电梯变频节能控制系统研究[D].杭州：浙江大学,2001.

[2] XU B. Study on Energy-saving control System of hydraulic elevator by Frequency conversion with accumulator [D]. Hangzhou:Zhejiang

University,2001.

（4）标准：标准提出者（一般为标准化组织）. 标准代号 标准顺序号 – 发布年 标准名称［S］. 出版地：出版者，出版年.

示例：

［1］中华人民共和国国家质量监督检验检疫总局 .GB7588–2003 电梯制造与安装安全规范［S］.北京：中国标准出版社，2004.

［2］General Administration of Quality Supervision.Inspection and Quarantine of the People's Republic of China.GB7588–2003 Safety code for Elevator Manufacturing and Installation［S］.Beijing:Standards Press of China,2004.

（5）专著（包括图书、会议录、论文集等）中析出的文献（从整本文献中析出的具有独立篇名的文献）：著者. 题名［文献类型标志］// 专著责任者. 专著题名. 版本项. 出版地：出版者，出版年：析出文献的起止页码.

示例：

［1］NARIOKA　K, HOSODA　K. Motor Development of an Pneumatic Musculoskeletal Infant Robot ［C］//IEEE International Conference on Robotics and Automation. Shanghai（如果出版地和出版者不明确，可以给出举办会议的城市名），2011:963–968.

［2］曹玉旺 ,张炎明 . 基于物联网的智慧城市发展策略研究［C］.2011 年通信与信息技术新进展——第八届中国通信学会学术年会论文集 . 2011:233–320.

［3］FOUMEY M E. Advances in Holographic Photoelasticity［C］//American Society of Mechanical Engineering. Apllied Mechanics Division. Symposium on Applications of Holography in Mechanics. New York：ASME,

1971：17–38.

［4］周立，谢宏全，董春来. 海洋物联网展望［C］. 地理信息与物联网论坛暨江苏省测绘学会 2010 年学术年会论文集 . 2010.

（6）期刊中析出的文献：作者. 题名[J]. 期刊名全称，年，卷（期）：起止页码.

示例：

［1］ 林文友. 基于物联网的电梯智能数据采集系统［J］. 电子技术与软件工程 , 2016(17):189–189.

［2］ LIN W Y. Elevator intelligent data acquisition system based on Internet of things ［J］. Electronic technology and software engineering, 2016(17):189–189.

（7）报纸中析出的文献：作者. 题名［N］. 其他责任者. 报纸名，年 – 月 – 日（版次）.

示例：

［1］方秀芬. 杭职院一揽子协议集中签约[N]. 杭州日报,2020–09–13（A04）.

［2］ FANG X F. Hangzhou Vocational College Package Agreement signed centrally ［N］. Hangzhou Daily, 2020–09–13（A04）.

（8）专利文献：专利申请者或所有者. 专利题名：专利号［P］. 公告日期或公开日期.

示例：

［1］ 刘富海，谢桔，许铭康，等. 一种自动扶梯卡簧状态实时检测系统：CN201910498533.X［P］.2020–06–12.

［2］ LIU Fuhai，XIE Ju，XU Mingkang，et al. A real–time detecting System for the state of the Clamp spring of Escalator: CN201910498533.X

〔P〕.2020-06-12.

〔3〕 Christoph Eder, Eva Karall, Jürg Burri,et al．Method for modernizing an escalator or a moving walkway：US201716312857〔P〕．2020-02-18.

（9）电子文献，上述（1）—（8）类的电子版文献，在上述著录格式后加"〔引用日期〕．获取和访问路径．"，其他电子文献按如下规则处理：著者．题名〔文献类型标志/文献载体标志〕．出版地：出版者，出版年（更新或修改日期）〔引用日期〕．获取和访问路径．

示例：

〔1〕农业部、国家发改委、科技部、财政部、国土资源部、环保部、水利部和国家林业局关于印发《促进西北旱区农牧业可持续发展的指导意见》的通知〔EB/OL〕．2015-07-13.http://www.moa.gov.cn/zwllm/tzgg/tz/201507/t20150713_4743275.htm.

〔2〕 KINCHY A.Seeds,Sciences,and Struggle:the Global Politics of Transgenic Crops〔M/OL〕．Cambridge ,Mass.:MIT Press,2012:50〔2002-04-15〕.http：//lib.myilibrary.com?ID=381443.

〔3〕Scitor Corporation．Project Scheduler〔CP/DK〕．Sunnyvale，Calif：Scitor Corporation，1983.

〔4〕徐明,李辉．中国证券业年鉴.2017〔CD/OL〕.上海：复旦大学出版社.http://www.neeqzj.com/

〔5〕XU Ming LI Hui. China Securities Yearbook 2017〔CD/OL〕.Shanghai: Fudan University Press. http://www.neeqzj.com/

文献类型标志：普通图书为 M；会议录、论文集为 C；汇编为 G；报纸为 N；期刊为 J；学位论文为 D；报告为 R；标准为 S；专利为 P；档案为 A；舆图为 CM；数据集为 DS；数据库为 DB；计算机程序为

CP；电子公告为 EB；Z 为其他。

电子文献载体标志：磁带为 MT；磁盘为 DK；光盘为 CD；联机网络为 OL。

实例 4-7：下面我们以浙江省中华职业教育科研项目一个具体的参考文献为例，项目名称为"黄炎培职教思想视域下现代学徒制工匠精神的培育路径"，其参考文献著录如下。

［1］杜晓光.新时代高职院校工匠精神的培育［J］.教育与职业,2019（7）:78-83.

［2］王靖.德技并修：新时代工匠精神与高职学生职业素养融通路径［J］.职教论坛,2019（11）:149-152.

［3］黄丹峻.黄炎培职教思想视域下职业学校学生"工匠精神"的培育［J］.广西教育,2019（4）:8-9.

［4］匡瑛,井丈.工匠精神的现代性阐释及其培育路径［J］.中国职业技术教育,2019（17）:5-9.

［5］陆启光.墨子职业教育思想的时代转换与大国工匠的培养［J］.高等职业教育探索,2019（2）:19-24.

［6］潘夏,潘玉成.高职教育现代学徒制中工匠精神的传承与发展［J］.高等职业教育,2019（3）:79-85.

［7］孙颖超.职业教育视域下工匠精神的内涵及培育路径［J］.职业教育研究,2017（11）:9-12.

［8］沈叶.新常态背景下职业教育工匠精神的分析及培育［J］.教育与职业,2019（24）:104-106.

［9］李梦卿,刘晶晶.黄炎培职业教育思想的发轫径迹与价值衍增［J］.中国职业技术教育,2017（15）:44-56.

［10］吴瑞霞,李国鹏.基于黄炎培职业教育思想的职业教育体系

探究［J］.天津职业院校联合学报,2017,19（11）:13-16.

[11]徐春辉.德国"工匠精神"的发展进程、基本特征与原因追溯[J].职业技术教育,2017（7）:74-79.

［12］黄蘋.德国现代学徒制的制度分析及启示［J］.湖南师范大学教育科学学报,2016（3）:121-125.

［13］王建梁,赵鹤.英国现代学徒制的发展历程、成效与挑战［J］.比较教育研究,2016（8）:102-110.

［14］孟凡华,邵宏润.黄炎培职教思想的传承与实践［J］.职业技术教育,2016（33）:15-18.

［15］阿久津一志.如何培养工匠精神［M］.张雷,译.北京:中国青年出版社,2017.

第四节 项目研究必要性分析及申报研究基础

一、撰写研究必要性分析

课题需要解决特定的教学问题或者科学问题，项目申报者需要在申请书中围绕这一特定的问题提出一套完整的研究思路，从而向评审专家表明，申请人对开展研究工作已有较深入的思考。拟研究的科学问题可能有若干种类型，例如：①全新的科学发现，属于同行以前没有注意到的现象或观测材料；②同行公认的科学问题，已有较多的研究和探讨，申请人拟从独到的研究视角开展工作，以图深化对该科学问题的研究；③对过去已有的研究工作提出质疑，或是利用更优化的研究方式。对不同类型的科学问题，应分别包含一定技巧的研究构思和适用的工作模型与验证方法，并提供相应的分析和论证。

对于科研与技术开发类的课题，研究必要性分析主要指对实验材料（体系）的可靠性、实验方法的可行性、预实验结论的可靠性、理论的预见性等的分析。具体地说，包括项目的理论分析、研究手段和方法分析、预实验结果分析、所用特殊实验材料（试剂）分析、对所具备的实验条件的分析、对项目组成员运用技术方法能力的分析。不一定要面面俱到，可以有侧重地撰写。

对于教学改革类课题，必要性必须要和国家教育改革方向一致，并在共同研究的基础上提出自己课题所要解决的问题，而该问题又是研究领域内专家认可的需要解决的问题。教学改革类课题要有一定的创新性，应该是自己在充分研究他人的研究成果上提出来的，而申报者针对提出来的项目内容要有详细的实施方案，能保证提出来的问题可以顺利解决。我们来看一下实例。

实例4-8：通过梳理现有文献可以看出，关于当今时代背景下"工匠精神"的相关研究大多聚焦于其内涵特征的归纳、培育途径的探索方面，尽管研究的角度有所不同，但几乎都是通过理论推演而得出的，缺少实证验证。同时，目前浮躁的社会氛围，过度追求"短、平、快"的现象，使得人们在对"工匠精神"内涵和外延的界定有不同程度的夸大。目前中国"工匠精神"培养的实践效果并不理想，主要在于已有研究过分强调"工匠精神"的思想和价值意义，而忽视了实践和操作的重要性；实证研究的缺乏使得"工匠精神"分析框架缺失、分析维度存在争议。而失去了对分析维度及全面性、动态性和联系性的考察，使得在对"工匠精神"的价值进行判断时缺乏根基和科学性。

现有研究虽未见关于组织氛围对"工匠精神"形成影响的实证研究，但已有研究表明，组织氛围能够对创新、工作投入、质量意识等多方面产生影响，而这些要素又是"工匠精神"的重要组成部分。因此，本项目在系统梳理"工匠精神"的定义、演进及内涵的基础上，通过实证研究以期对"工匠精神"进行全面、客观、科学、动态的理性认识；同时，通过探索组织氛围对"工匠精神"的影响路径及影响程度，从组织氛围的角度为未来电商企业高职实习生"工匠精神"的培养实践提供借鉴。

上面的例子先是从目前的研究基础出发，提出了现阶段研究中存在的不足，以此引出自己课题研究的必要性。我们再来看一个例子。

实例4-9：国内外学者在黄炎培职教思想的研究、黄炎培职教思想与工匠精神培育、现代学徒制与工匠精神等理论方面已有一些成果，但是目前少有对黄炎培职业教育思想、"工匠精神"培育与现代学徒制三者的内在关系进行理论与实践研究，因而值得进一步分析和探索。本课题通过浙江同济科技职业学院大禹学院的实施案例，将黄炎培"社会化、平民化""做学合一""敬业乐群"的职教思想与"敬业爱岗""德技并修"等的"工匠精神"融入现代学徒制教育全过程，希望通过 2 年的实践，能打造具有水利行业特色的"现代学徒制"人才培养模式，给其他高职院校提供借鉴和指导，具有一定的应用价值。

上面的材料是研究现代学徒制的，通过指出现有研究中的不足，再引出该课题研究的意义。

二、申报研究基础

课题研究基础指的是在某项课题上，前期做的工作或者具备的条件，包括但不限于研究结果、研究人员、课题经费、硬件条件等。那么，课题申报中的研究基础怎么写？其实就是围绕以上几个方面来实事求是地撰写。

（1）研究结果指的是在申报课题上曾经做过的类似研究所得出的结论、发表的文章、专利等，包括课题负责人的情况，如从事本专业研究的时间和已发表的主要学术著作、获奖情况；科研小组其他成员的情况，也要简要地说明。要注意的是，撰写相关研究领域所取得的学术积累和学术贡献、同行评价和社会影响时，切忌写个人声望、个人水平、个人能力及与申报课题无关的获奖、荣誉等。

（2）研究人员是指从事研究该课题的试验人员，试验人员从事该课题研究的时间越长，说明课题研究越深入，人员越稳定，研究延续性越好。人员年龄结构和学历结构也能说明一定问题。这一点在课题成员介绍中会提及。

（3）课题经费指的是用于这项课题的开销，包括经费的明细，说明该课题有足够的经费支持。课题研究经费应正确使用，关键要花在课题研究过程中。

（4）硬件条件指的是研究该课题所需要用到的设备、设施等，说明该课题具备研究的硬件能力，同时要说明完成该课题需要补充的仪器设备，不可夸大，以免被误认为基础设施条件不足，影响评估质量。

实例 4-10：以笔者的一个课题申报书为例。

项目申请者和项目组成员长期从事智能制造方面的研究工作，积累了大量的研究和工作经验，同时项目专家团队中的成员具有丰富的机器人生产线制造经验，由团队专家开发的具有自主知识产权的五轴伺服机械手，工作过程中可增加产能 20%—30%，降低产品的不良率，保障操作人员的安全性，减少人工浪费。为了增加操作的简便性和用户体验，针对该装备开发了掌上操作器，具有界面友好、中英文互换、简单易学、多种功能、程序供选择、可自动也可手动等特点。64 组模具记忆，换模时操作设定简单。其可自动检测故障情况，显示于屏幕，方便调整，侧姿倒角机构，固定倒角 90°，可配合公模和母模取出，整个生产线可以应付各类别产品的生产。该系列产品获得"2016 年省高新技术应用产品"荣誉称号。

团队拥有各种知识产权 30 余项，与本项目相关的具有代表性的如：

（1）弯管机上下料机械手 ZL201310278107.8 发明专利；

（2）以机器人为主体的自动化生产线 ZL201620762660.8 实用新型；

（3）自动识别分流生产线 ZL201320413858.1 实用新型；

（4）基于机器视觉的注塑机智能控制系统 V1.0 2016SR365350 计算机软件著作权。

申请人所在的单位和合作企业具备良好的工业机器人生产与研发能力，拥有完善专业的研发团队，致力于智能机器人的生产和科研的落地。团队参与研发的生产线大部分已经投入实际生产中，在企业设备智能化改造和装备升级方面取得了良好的应用效果。

上面的案例阐述了申报者及其团队的研究案例、研究成果，突出了研究团队的技术服务能力及企业对研究团队的支持与重视。

实例 4-11：以笔者的一项省基金项目为例。

（一）理论分析基础

在考虑材模具产品的冷却系统、浇注系统、顶出系统的影响的基础上，重点研究 LED 前照灯模具结构优化理论及强化延寿机理，获得相应延寿工艺数据库，从而揭示建立"灯具模具—灯具造型—灯具寿命"的关系曲线，得出模具结构优化理论具有可行性的结论。

前照灯模具优化设计数值模拟：难点在于建立包含模具产品的有限元网格，设定相当于注塑成型的过程参数，拟采用 ASAP 模拟软件来完成这部分工作。ASAP 模拟软件全称为 Advanced System Analysis Program，即高级系统分析程序，是由美国 Breault Research Organization. Inc（BRO）公司开发的高级光学系统分析模拟软件。ASAP 模拟软件在照明系统、汽车车灯模具光学系统、生物光学系统、相干光学系统、屏幕展示系统、光学成像系统及医学仪器设计等诸多领域都得到了行业的认可和信赖，前照灯模具优化设计数值模拟可行。但是，要得到比较好的结构优化结果并投入实际生产尚需深入研究。

（二）试验研究基础

（1）高功率短脉冲激光装备，是本项目模具强化试验研究的关键设备。激光冲击为纳秒量级，短时间内施加的高强度载荷，在被作用物体内部造成极高的压力（或应力），产生由表及里的物质质点的运动及状态参量变化，形成向纵深发展、传播的应力波，并发生各种应力波的反射和相互作用，因而是一系列随时间剧烈变化的动态过程。满足这种条件的激光器在材料强化和延寿修复领域有重要的用途。

（2）合作单位模具研发中心开发了多款 LED 前照灯系列。通过建立数据模型，并对模型进行模拟分析，得到了产品不同流动区域所需的壁厚尺寸，从而得到流动平衡、内应力分布均匀的产品。汽车灯具的配光镜多用到聚碳酸酯（PC）进行注塑成型，由于配光镜是汽车外观件，受到客户的特别关注，同时配光镜的优劣也直接影响到汽车灯具的配光性能，决定着产品能否通过 CCC、E-Mark 强制认证。本项目即是通过对模具结构的优化设计，开发出既满足客户要求的产品，又能实现大批量生产的 PC 成型模具。该设计方法首次使用在国内某品牌汽车前照灯的配光镜模具中，模具使用状况良好，产品通过了客户确认以及 CCC、E-Mark 强制认证，现在该模具的生产量已经超过 10 万模次。已有的设备包括：

其一，高功率激光冲击精密强化成型装置，可进行激光冲击裂纹止裂的试验与研究，这是本项目试验与研究的关键设备。

其二，GLOBAL777 高速度高精度三坐标测量机，用于材料裂纹的尺寸与形状分析。

其三，X350A 残余应力测定仪，用于裂纹面残余应力状态与分布分析。

其四，VYKO NT1100 非接触光子轮廓仪，用于试样表面粗糙度值测量分析。

其五，SISC IAS V8.0 金相图像分析软件，用于冲击变形区材料金相定量分析。

其六，ARGUS 4M 便携式板料变形光学测量系统，用于激光冲击后零件的应力应变测量和性能分析。

其七，日本电子（JEOL）公司的 JSM-7001F 型热场发射扫描电镜，英国牛津公司（OXFORD）的 IE-350 型 X 射线能谱仪、日本电子（JEOL）公司的 JEM-2010（HR）型高分辨透射电镜、德国莱卡（LEICA）公司的 DM2500M 型透反射光学显微镜，用于裂纹区材料的微观分析。

其八，8821 型全数字化液压伺服拉扭复合疲劳试验机，用于激光冲击止裂制造的性能试验，包括常温拉扭复合疲劳、低周疲劳、高温试验等。

由此可见，本项目已基本具备开展研究的试验条件。

课题组是一支以青年教师为主的，具有一定实力且思想活跃的创新研究团队，在前期相关项目的支持下，在与本项目有关的研究的不同侧面已取得了不同程度的良好进展，积累了较丰富的研究经验、研究基础和技术储备。本研究团队成员充分体现了跨学科知识结构互补等特点，并且与国内外相关知名研究单位有着很好的交流合作渠道和关系，能够满足本项目实施所涉及的理论建模、模具表征等各个环节的要求。课题合作承担单位有多年的汽车车灯模具研发基础和较好的实力，在研究所需的各种基础条件方面可以得到完全保证。因此，本项目的研究不仅在 LED 前照灯模具优化及其强化延寿技术研究方面具有一定的工程应用指导意义，还期望带来明显的经济效益和社会效益。

实例 4-11 阐述了理论分析与试验分析研究的基础工作，并对项目组团队成员进行了总体的介绍，突出强调项目组有理论和试验研究的实力。

第五章

研究内容、目标、方案、进度（时间）和拟解决的关键问题

研究内容、目标、方案、进度（时间）和拟解决的关键问题，是项目研究中最主要的几个核心问题。评审专家在审核课题时，也会比较注重项目研究内容及相关资料。

研究内容的多少与课题的大小、目标有直接关系。如果研究课题很大，目标较多，那么研究的内容必定很多；如果课题小、目标单一，则内容也不会多。研究内容必须准确体现研究课题的目标。

所以项目申报者在撰写这几块内容时必须认真思考，这也是影响项目能否获批的一个重要因素。

第一节　研究内容的表述

研究内容，其实就是要回答"我要研究的具体内容有哪些，这些内容之间的逻辑关系是什么"，说白了，也就是研究的总体框架问题。写作总体框架时的注意事项有：涉及哪些研究内容，就列出哪些内容；内容之间的层次和逻辑，要形成一个有机整体；研究内容不宜太少，也不宜太多，5项左右为妥。

研究内容是研究目标或总标题的分析方案，可分解成几个研究部分或几个标题；每个研究内容可分别具体阐述，概括出每部分的研究目标和所要解决的具体科学问题，包括必要的说明及关键技术等；研究内容要尽可能详细描述，但内容不能庞杂，切忌面面俱到缺乏重点。

研究内容板块包括研究对象、总体框架、研究重点与难点和主要目标等要素。

撰写研究对象时要注意宜精准，不宜泛化；宜具体，不宜抽象；宜简单明了，不宜委婉含蓄。也就是说，在具体写作的时候，尽可能地做到精准，而不要泛化；具体而不要抽象，在行文的时候，尽量简单一点，别太委婉含蓄，啰唆了半天，评审专家还是看不出来申报者到底要研究什么问题。最好用一句话就把研究对象陈述清楚，然后可以对研究对象进行适当的解释和说明，一两句话说清楚就好。研究对象是不用写太多的，它就是回答"是什么"的问题，是什么问题就说什么问题，写的越多，反而越意味着我们并不知道自己研究的是什么。

总体框架要回答的问题：我要研究的具体内容有哪些？这些内容之间的逻辑关系是什么？这些问题是需要在总体框架中加以展示的。撰写总体框架时的注意事项包括：有哪些内容，就列出哪些内容；内容之间的层次和逻辑，要形成有机整体；不宜太少，也不宜太多，3—5项为宜。也就是说，我们要研究的具体内容有哪些，就在申报书中把它们列出来。之后，要注意这些具体研究内容之间的层次和逻辑，它们应该围绕着研究选题来展开，可以形成合力来支撑我们的研究选题，构成一个有机的整体。另外，总体框架在搭建的时候不易太少，我觉得内容不能少于3项，否则就撑不住研究选题了；当然也不能太多，最好控制在5项之内。

研究重点：什么问题最影响研究主旨的达成和研究目标的实现？答案就是我们研究的重点。就是说，一旦这个问题没研究出来，没有形成结论，达到目标，那么我们的研究就进行不下去了，也就失败了。大家可以体会一下，这样的内容确实非常重要，对不对？撰写中的注意事项，我们对照着下面的"研究难点"比较着来谈。

研究难点：什么问题在研究实施过程中最为复杂、最具变数、最不可控？"研究难点"要回答的是什么问题呢？应该是在研究实施的过程之中最复杂、最具变数、最不可控的问题。大家细想也能发现，这确实是比较难以驾驭的部分。

课题研究申报书需要着重点出重点和难点分别是什么，以便课题评审对课题情况有一个整体和详细的把握。研究内容设计的重点、难点应与申报书中提出的假设保持逻辑上的一致。申报者在课题论证时应将假设明确写出，并与最后所写的重点和难点保持一致。重点部分应该突出要做的研究中最重要的，难点应该是做这些内容中需要克服的关键技术、方法等。研究的选题不同，研究的内容不同，所遇到的重点和难点亦不同。

关于研究重点和研究难点的撰写注意事项，这里给出3点提示：重点和难点各列 1—2 个为宜；研究重点的写作要切中要害；写作研究难点时别忘记说明应对措施。也就是说，在具体写作的时候，重点和难点各列举 1—2 个基本也就差不多了；在写研究重点的时候一定要切中要害，要指出这个研究重点对于我们研究主旨的达成和研究目标的实现的重要作用。在写作研究难点时一定要注意，不能仅仅陈述它多么复杂，多么具有变数，多么不可控，而是要把写作的重点放在我们打算从哪些方面来应对这些难点，来化解这些难题。比较忌讳的是把研究难点的写作变成一场吐槽，"真的好难啊，实在是太难了"类似的语句，然后戛然而止。

主要目标：指研究预期，即"我的研究要解决 / 回应 / 厘清哪些问题？"。

很多老师搞不清研究目标应该怎么撰写，经常把研究目的或意义、研究目标、研究内容三者相互混淆。我们先来看下三者的区别。

一般情况下，研究的目的或意义就是为什么要做这个研究，研究的意义与理由是什么，即问题的提出主要表达了研究的总体意图。所以，研究的目的或意义一般都写得比较宏观，如提高教学质量，提高学生的素养，提高教师的专业水平，等等。很多老师在写申报书时，目的意义和价值写了很多，因为这些宏观的东西网络上比比皆是，很容易模仿，但研究目标和研究内容却写得很单薄。实际上，研究的目标和内容是申报书的精华，是一份申报书的价值所在。所以要在研究的目标和内容上多下功夫，确保研究目标和内容能引起评审专家的兴趣，让他们认为申报书中所列出的问题都是值得去研究的，目标也是可以达到的。

课题主要研究内容，主要指课题研究对象、总体框架、重点、难点、主要目标等，申报书中要清楚阐述课题主要研究内容，使评审专家能一目了然地了解申报者会在哪些方面有突破性的研究成果，而不只是在该项研究的重要性、必要性方面，更要从研究所能达到的学术水平上去理解、认同该项课题的价值。

在具体撰写时，应使研究目标、内容、假设三者形成一个完整的框架，或者是在这三者的基础上增加一个要素——方法，四者构成一个完整的框架。在撰写申报书时，不要求单独描述研究目标，但研究内容最终指向目标；研究目标是所提问题的预想答案；研究目标通过内容加以分解，而内容是目标的结构性呈现；总目标与具体目标（子课题）是整体与部分的关系。下面以作者申报的课题来举例说明。

实例 5-1：LED 前照灯模具结构优化及其表面强化延寿是一个多尺度、多层次的科学问题。本申请项目拟以典型 LED 前照灯模具为典型代表，综合运用理论分析、数值模拟和试验测试等技术，研究 LED 前照灯模具的结构优化、精度控制和寿命延长方法，重点开展如下研究：

（1）前照灯模具结构优化。在设计模具时重点考虑模具结构对成型结果的影响，通过实际生产验证模具结构合理性，解决前照灯塑件外观质量缺陷问题（如收缩等）或模具结构问题（如分型面设置、浇口设置、模具寿命无法保证等问题）。

（2）前照灯模具设计数值模拟。建立包含模具产品、冷却系统、浇注系统、顶出系统的有限元网格，设定相当于注塑成型的过程参数，通过软件的模拟流动分析，对产品的局部壁厚尺寸进行调整；通过建立数据模型，并对模型进行模拟分析，得到模具产品不同流动区域所需的壁厚尺寸，从而得到流动平衡、内应力分布均匀的产品。

（3）模具激光冲击延长疲劳寿命研究。研究疲劳模具部件激光冲击延寿前后性能数据，并充分利用获得的数据研究不完整数据的重构方法，结合材料的微观组织、缺陷与宏观疲劳性能与缺陷的关系，发展新前照灯模具强化延寿理论。

本案例中重点阐述了前照灯模具结构优化、前照灯模具设计数值模拟、模具激光冲击延长疲劳寿命研究等 3 部分研究内容，并对每部分研究内容的关键技术进行了阐述。

实例 5-2：以 2020 年浙江省中华职业教育科研项目"疫情后面向新时代退役军人职业教育和培训的探索研究"申报书为例。

本项目在新时代背景、疫情背景、温暖工程背景、政策背景下，适应新形势新要求，基于技工院校视角，深入浙江省内部分本科院校、高职院校、技工院校、培训机构、企业、政府部门、军事部门，调查退役军人职业教育和培训的现状、需求，分析存在的主要问题及问题存在的原因，结合实际，提出相应对策建议、教育培训体系及机制、教育培训模式及路径。

本项目的主要研究内容如下：

（1）调查退役军人职业教育和培训的现状、需求，分析存在的主要问题及问题存在的原因，结合实际，提出相应对策建议。

①调查退役军人在职业教育和培训过程中，政、校、行、企、退役军人等多方发展现状、需求。

②调查退役军人职业素养、就业能力的现状。

③调查通过职业教育和培训提升就业能力的状况。

④调查退役、职业教育和培训、就业之间的衔接状况。

⑤调查职业教育和培训的供需匹配现状。

⑥调查职业教育和培训的机制实现形式及实现状况。

⑦调查职业教育和培训的教育教学形式、方式方法、行动路径及实施状况。

（2）研究退役军人职业教育和培训的多元协同体系，由多方协同合作实现对退役军人的职业教育和培训。

①构建体系框架模型。

②研究体系中政、校、行、企、退役军人等各方的职责权利。

③研究体系的各要素及相互关系。

第一，研究退役军人的职业素养、就业能力，包括其内涵、外延、构成及影响因素，培育方式方法、提升策略等。

第二，研究职业教育和培训、提升就业能力之间的关系。

第三，研究退役、职业教育和培训、就业之间的衔接关系。

第四，研究职业教育和培训的供需匹配关系。

（3）研究退役军人职业教育和培训体系的机制，包括创新机制、管理机制、运行机制、责任机制、协调机制、资源共享机制、利益分配机制、保障激励机制、促进支持机制、监督评估机制、跟踪服务机制。

（4）研究退役军人"分段式定向＋订单＋定岗"教育培训模式及路径。

①研究如何科学合理地分阶段对退役军人进行定向式、订单式、定岗式教育培训。

②在教育培训的实施过程中，针对退役军人的需求与特点，对灵活开展教育教学的形式、方式方法展开研究。如：建立学籍，单独编班；优化专业设置；学分制管理、多元化教学，弹性学习，半工半读、工学结合；坚持"宽进严出"原则；针对学习成果（含技术技能）进行学历教育学分认定，服役经历视作相关岗位实习经历和参加社会实践活动；"1+X证书"制度试点。

③研究校企共同制定人才培养方案，共同确定培养目标和人才规格，共同确定培养方法和培养过程，共同招收退役军人学生学员，共商专业规划，共组师资队伍，共议课程开发，共建实训基地，共评培养质量，共搭管理平台，共促退役军人就业，等等。

第二节　研究目标及其撰写

　　研究目标要明确指出课题要做什么，拟解决什么科学问题，预计达到什么目的。目标必须具体、明确和可行，研究目标的条例一般不超过3个，表述常用语如"明确……关系""揭示……规律""阐明……原理 / 机制""提出……方法"等。

　　研究目标就是本研究最后要实现的结果，直接地说就是做这件事的具体目的。申报书上需说明研究要达到一个什么样的效果，形成什么结果，比如，想通过研究建构怎样的教学模式、教学策略，得到什么新理论、新理念、新观点、新认识等。研究目标是研究内容中一项重要的内容，我们可以把它理解为研究的预期，就是我们的这项研究要解决和回应，或者要厘清的是哪些问题。把这些问题列举出来，就构成了我们的研究目标。例如：研究黄炎培职业教育思想，进一步探索培育高职学生具备大国工匠的"工匠精神"的思路和方法，将人格教育思想体系贯穿在高职学生"工匠精神"培养的全过程，厚植高职学生爱国主义情怀；融入"劳工神圣"的价值观，树立高职学生正确的人生观；构建终生职业教育体系，夯实专业基础，建立"能力本位"的课程体系；倡导"手脑并用、做学合一"的教学理念，提升高职学生的专业技能；树立敬业乐群的职业道德，引导学生树立敬业、精益、专注、创新的精神。可以看到，这些都是在课题完成后所达成的目标。

　　撰写研究目标的过程中，最好有对要达到的水平或程度的描述。课题研究的目标不在于多，而是在于表述要明确（指向清晰确定）、简洁（每条一两行字）、可测（可以检查评估），通常用"行为动词＋名词"的短语来表述。研究目标一般是在研究周期内可达成的、可实现的。在撰写时最好要分开，具体写三四点，不要太多也不要太少。切忌把研究目标写成研究的总目的、意义。

研究目标可以分为学术目标和工作目标两种类型。学术目标是阐述课题要探索总结什么科学规律，而工作目标则是阐述课题研究对教育工作的促进作用。

实例 5-3：以"疫情后面向新时代退役军人职业教育和培训的探索研究"项目申报书为例，其研究目标写法如下。

（1）在新时代背景、疫情背景、温暖工程背景、政策背景下，适应新形势新要求，提出相应对策建议，为有关部门切实推进退役军人教育培训和就业创业工作，提供科学决策的依据。

（2）研究退役军人职业教育和培训的多元协同体系，揭示体系的协同作用机理和规律，形成推进退役军人职业教育和培训的强大合力。

（3）研究退役军人职业教育和培训体系的机制，实现体系的创新，体系的高效运行管理，体系中各方的职责权利明晰，积极稳妥协调有序地推进退役军人的职业教育和培训。

（4）研究退役军人"分段式定向＋订单＋定岗"教育培训模式及路径，强化教育培训的针对性、有效性，提升就业能力，有机衔接教育培训与就业，提升教育培训的供需匹配度，促进充分就业。

以上的写法都有明确的目标，且符合本课题的内容，课题负责人也能完成，这样的目标在专家看来就是合理、可行的研究目标。如果有些研究目标用一句话较难说清楚，可用"总—分"的结构进行说明。

实例 5-4："浙江农民创新创业技能培育新模式及教育效果研究"

课题中对研究目标是这样描述的：

（1）丰富和充实了浙江省农民创新创业培养模式的研究成果。本课题将以浙江省农民作为研究对象，采用定性分析和定量研究相结合的方法，在高校和相应培训机构中建立和完善针对农民的创新创业教育体系，其有利于深化教育教学改革和提高农村创新型人才质量。同时，通过农民创新创业教育的方法，并通过整理总结各种创新创业运作机制和课程的开展等路径，理论上将丰富和弥补农民创新创业教育评价研究的成果，对丰富与完善我国农民创新创业教育评价理论具有十分重要的理论价值和创新意义。

（2）制定了浙江省农民创新创业教育评价的理论方法。研究在对浙江省农民创新创业教育评价指标进行分析的基础上，基于AHP（层次分析法）构建了农民创新创业教育的评价体系，同时结合浙江省农民创新创业教育的现状调查，分析各指标对省内农民创新创业教育影响的权重，避免因人为的主观分析影响评价的客观性，使所构建的评价模型更具有科学性和可靠性。这一新的评价方法将引导研究者重新思考创新创业教育的评价，拓展了农民创新创业研究的新视野。

（3）缩短了浙江省城乡发展差距，缓解了就业压力。通过对农民创新创业教育路径的探索研究，不仅可以帮助农村地区民众切实有效地开展创业，增加农民收入，改善生活条件，使农村地区广大农民由"输血型"转化为"造血型"，促进民众的民生改善，而且对农村地区区域经济总量发展、区域经济结构优化、提高经济发展速度等具有重要的意义。

（4）提供浙江省农民创新创业教育评价的参考标准。根据浙江省农民创新创业教育的评价指标，利用AHP软件构建研究生创新创业教育评价体系，不仅可以为农民创新创业教育的评价提供依据和参考标准，还有利于促进相关创新创业教育体系的科学化和规范化，有利于指导相关高校和机构开展农民创新创业的教育教学改革实践，转变以知识教育为主的传统观念，建立以人为本的人才培养模式，从而实现现代农村创业人才培养的转型发展。

从课题研究本身看，不管什么样的课题研究，对教育教学工作都有或多或少的帮助，研究目的越明确、越具体的课题，它的针对性就越强，效果就越好。主要目标的写作建议：目标 3—5 个为宜，每个目标用简短清晰的一句话进行陈述。

某一位学者在申报书中写的"主要目标"，大家可以感受一下：

（1）搭建现代民族国家建构视野下的少数民族认同研究基础理论分析框架；

（2）完成"当代中国"具体语境中的少数民族认同状况评估；

（3）分析少数民族主体性、少数民族利益 / 权利正当性与国家认同的契合逻辑；

（4）探索建立中国少数民族认同策略体系。

我们在写申报书的过程中遇到的所有困难，说起来都来自我们还不清楚自己要研究什么。一旦想清楚了，上面关于"研究内容"部分的每个问题我们都有确切无疑的答案了，我们的申报书写作也会变得非常顺畅。否则我们在写作过程之中就会有各种纠结，如这个内容怎么写，那个问题怎么回答，总是说不清楚，模棱两可。说不清楚的原因在于我们还没有想清楚，所以建议大家多下点功夫仔细揣摩，认真思考。此外，关于研究目标的写作我还想再给出两点提示。

第一点提示：不要把研究目标写成研究结论。

一定记得，我们的申报书中永远不要呈现出研究结论。原因很简单，就是这个项目还只是在申报阶段，并没有获批立项，立项之后我们将用

3—5 年的时间去展开研究，所以千万别在申请项目的时候就把我们的研究结论都列出来。

如果我们都把研究结论给列出来了，那评审专家为什么还让我们获批立项？还没开始研究就已经知道结论了，那还研究什么呢？这种问题容易出现在基础理论和规范研究领域，希望大家留意一下。

第二点提示：不要把预期研究成果的呈现形式当成研究目标。

比如把我们希望发表多少篇论文，出版几本专著，完成多少字的研究报告等写在研究目标里，这样是不合适的，因为这些论文、专著和研究报告并不是研究目标，而只是研究成果的外在表现形式，是学术产出。因此要特别注意区分研究目标和研究成果的外在表现形式。

第三节　项目研究方案及技术路线的编制

　　项目研究方案实质上包括研究步骤，技术路线即工作程序 / 流程图，利用选择的方法，对所研究的内容按怎样的时间顺序进行研究。要求合理即可——符合研究规律，流程清晰，特别是流程图的逻辑要理清楚，评审一看流程图就知道研究的总体框架。撰写时以研究内容为主线，可以按"第一步，第二步……"写作，文字不宜多。

　　技术路线的撰写是其中一个难点。

　　那么，什么是技术路线？技术路线在课题申报中有什么作用？技术路线的呈现方式是怎样的？画技术路线的策略是什么？

　　下文就这几个问题提出我们的一些理解和建议，供参考。

　　1. 什么是技术路线？

　　所谓的技术路线，是以研究假设为核心，将研究内容、研究方法、研究步骤有机组合起来的逻辑结构。在这个概念中，有两个至关重要的概念，一是"以研究假设为核心"，二是"逻辑结构"。

　　（1）第一个重要概念："以研究假设为核心"。"研究假设"也是课题申报书中需要撰写的一个内容。"研究假设"，即提前预设出解决问题的若干路径，并假设这些路径是可行的；在随后的研究过程中，证其真或证其伪。当然，提前预设要有一定的理论和现实基础，不能想当然。

"以研究假设为核心"，其中"核心"这个概念可以明确表达出技术路线的主要框架就是研究假设的框架。研究假设写好了，则技术路线的基本思想和内容就定了。

（2）第二个重要概念："逻辑结构"。什么是"逻辑"？"逻辑"是思维的规律和规则。也就是说，如何建构事物之间的关系？"结构"就是框架，框架是可视化的。逻辑结构，就是把思维的规律和规则以可视化框架的方式呈现出来。

此时，我们再看技术路线的概念就会清晰一些。其核心要义便是在研究假设的基础上，把理论支撑、研究内容、研究方法、研究步骤、研究成果之间的逻辑关系清晰地呈现出来。

2. 为什么要撰写技术路线？

技术路线是课题研究进程中，体现诸多要素之间逻辑关系的结构，也体现3个方面的价值。其一，技术路线能够体现课题研究的思路；其二，技术路线能够体现研究方法、路径的使用问题；其三，技术路线能够把研究过程中诸多要素的逻辑关系呈现出来。科学清晰的技术路线，可以让参与研究者知道这个课题从哪里来，要到哪里去，如何去，等等。

实例5-5："基于心理资本和目标导向的高职生就业绩效提升实证研究"项目申报书的研究方案主要分成两部分。

第一部分是研究框架，用图表表示，清晰明朗，如图5-1所示。

```
研究准备 ──────────→ 现有成果 ──────────────→ 实践调研

          ┌── 文献总结 ── 心理资本、目标导向、就业绩效的相关文献
基础研究 ─┤
          └── 实践调研 ── 收集编制各量表，设计、修改与发放问卷

                              目标导向
模型构建 ──────────┐        ↗        ↘
                   心理资本 ──────────→ 就业绩效

实证研究 ── 基于心理资本和目标导向的高职生就业绩效提升实证研究
          ┌────────┬────────┬────────┬────────┬────────┐
        描述性    心理资本  目标导向  心理资本  目标导向
        统计分析  与就业    与就业    与目标    的中介
                  绩效      绩效      导向      作用

对策研究 ── 提升高职生就业绩效路径研究
```

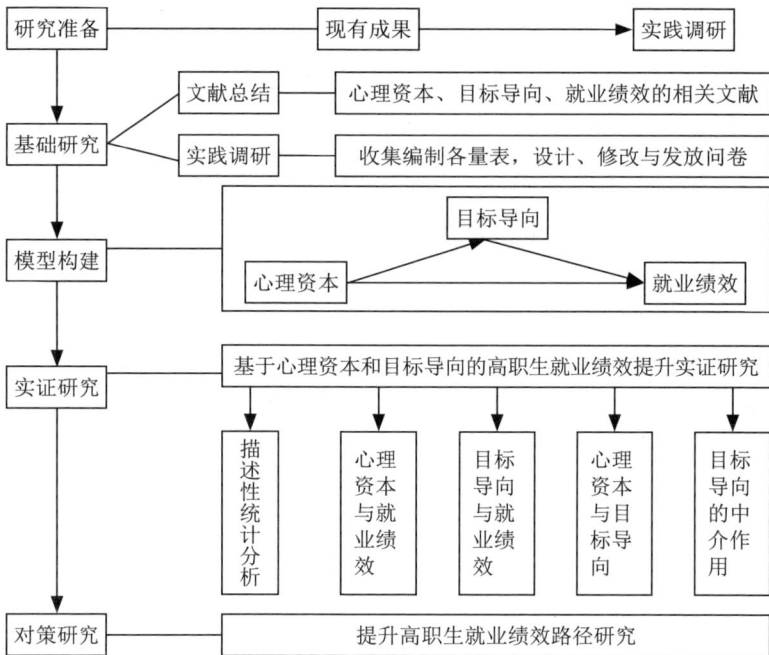

图 5-1 研究框架

第二部分是研究方法。课题综合运用管理学、心理学及社会认知的相关理论，从理论与实证相结合的视角，探讨了从心理资本和目标导向的角度出发，如何提升高职生就业绩效。既有理论分析，又具实证检验，还有对策建议，进一步提升了课题的实际应用价值。采用的方法如下：

一是文献研究方法。主要运用国内外心理资本、目标导向和就业绩效的相关理论，探究三者之间的关系，构建以目标导向为中介效应的心理资本对高职生就业绩效的影响机制，同时结合就业绩效的维度结构，进一步构建以目标导向和过程绩效为中介变量的心理资本对结果效应的影响机制。

二是实证研究方法。以浙江省高职院校的高职生为研究样本，设计、发放并回收问卷，再运用 SPSS22.0、AMOS 软件进行描述性统计、多因

素交互分析、相关性分析和回归分析等统计方法实证检验心理资本对高职生就业绩效的预测效果，以及目标导向的中介效应。

三是对策研究方法。从提升高职生心理资本、构建目标导向的文化氛围两个方面，基于政府、高校、个体3个层面提出有效提升就业绩效的路径建议，为解决高职生的就业问题提供一定的参考和借鉴。

研究者在研究方案／技术路线中的写法是先通过图表展示研究方案的框架，因为图表相较于文字更加清晰明了地表达了各个部分之间的逻辑关系，专家一看就非常清晰；再结合所申报课题的研究内容，将研究方案安排得合理、清晰，这就非常有说服力了，较容易打动专家。尽管图表能清晰地表达各个部分之间的逻辑关系，但内容有限，就需要文字内容作为补充。

从黄老师的申报书上看，她将研究方法如文献研究法、实证研究法与自己的研究相结合的部分通过文字写出来，做了很好的补充。

实例5-6：以"百万扩招中的学生发展：高职院校就业保障机制研究"的项目申报书为例说明。

研究者将研究方案分成研究思路和研究方法两方面。

第一部分介绍研究思路。本课题以百万扩招背景下高职院校就业质量保障机制作为研究主线，按照"研究背景与意义分析—国内外研究现状评述—就业现状与特征—高职院校就业质量保证的关键要素—质量保障体系构建"的基本思路，探讨影响就业质量的作用机制及其调适思路，如图5-2所示。

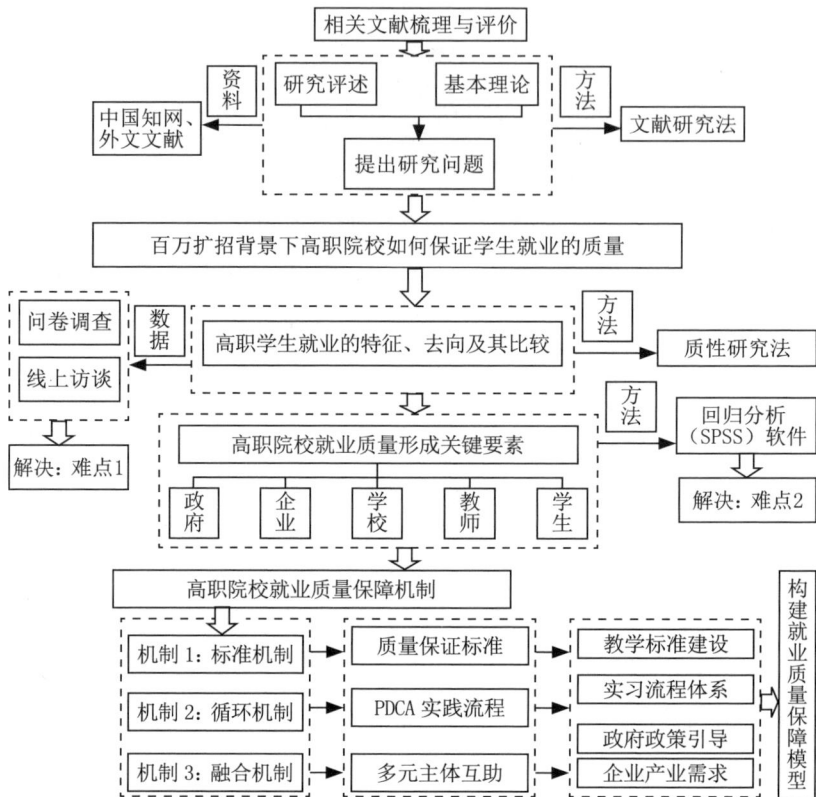

图 5-2 基本思路

可以看到，作者清楚地表达了研究者的项目思路，让专家们知道项目计划是怎么执行的。

第二部分写的是研究方法，项目研究者用了 3 个方法。

（1）文献研究法：广泛查阅国内外与高职院校就业质量保障相关的文献材料、调查报告、统计资料和学术论著等，了解学术界在就业质量保障体系建设等领域的研究进展和成果，并通过文献比对进行理论上的归纳梳理。

（2）专家访谈与网上调研相结合：本课题主要采用专家访谈、网上调研等方式进行。具体而言，一是在文献查阅和政策梳理的基础上，对国内相关专家进行深度访谈，听取高职专家的意见与建议；二是拟在山东、浙江选取 5—7 个有代表性的院校作为典型调研样本，通过在线访谈了解不同高职院校在百万扩招背景下就业质量管理中的举措；三是课题组成员通过网上调研的形式，深入教育主管部门、企业园区和高职院校，与政策制定方、企业需求方及学校分管就业工作的校领导、学生处（就业管理）处长、班主任、学生等相关主体进行专题在线访谈研究。

（3）定量研究法：对多层级问卷调查的采录结果用 SPSS 软件做逐步回归分析，将定性的问题定量化，以分析各影响因子对高职院校学生就业的影响程度，为就业质量保障机制的构建提供数据支持。

上述研究者用的都是常见的研究方法，不同的是将这种研究方法与自己的课题相结合，只要描述合理，专家就会认为在这个课题上采用这种研究方法是可行的。

第四节　项目研究进度及时间节点安排

项目研究进度及时间节点安排是作者对整个项目进度的把握，可以反映出项目申请人是否对本项目有充分的研究。进度安排合理与否将决定项目是否可以顺利进行。项目进度以每年（月）为期限，列出预计完成的研究内容；根据研究内容，列出预期目标及拟组织的学术交流、调研、论证等活动。项目进度可以用文字的方式表达出来，也可以用图表表达。

实例 5-7：以课题"黄炎培职教思想视域下的高职学生工匠精神培养路径研究"为例，通过对时间节点的文字描述，向专家讲明项目的进度安排。

1.2020 年 4 月至 2020 年 6 月：项目调研准备阶段

项目组成员调研和整理黄炎培职业教学思想的核心理念，挖掘工匠精神培育与黄炎培职业教育思想相契合的点，再进行研讨与梳理，形成佐证材料，为后期项目的顺利开展打下良好的基础；调研企业对职业院校学生在职业态度、职业能力、职业理想、职业道德等工匠精神内涵体现方面存在的差距，挖掘与黄炎培职业教育思想中吻合的理念，为项目的顺利开展提供指导性的方向。

2.2020 年 7 月至 2021 年 7 月：项目开展研究阶段

项目组成员分组开展项目的研究工作，围绕课题的研究内容、研究方案及项目方案实施方法，组织研讨。在研究过程中，把课题研究与推动工作相结合，边研究，边实践，边完善，每一个问题的研究，都先由课题组集体研讨，再分工到具体成员撰写出相应的研究论文，最后形成阶段性研究成果。

3.2021年8月到2022年3月：项目准备结题阶段

课题组在认真总结前段研究工作的基础上，着重分析课题研究中取得的阶段性成果，并对课题研究报告的撰写进行认真研讨，对课题结题工作进行安排，对有关课题研究材料的收集整理、归纳分析进行分工。在全面总结课题研究工作的基础上，完成本课题研究报告，申请结题鉴定。

从上述实例可以看到，研究者用时间节点分隔项目研究的各个阶段，是一种比较典型的项目研究进度写法。

比较常见的写法还包括用图表来表达项目的整体进度，比如研究者在项目申报中用表格的形式表达项目的进度，如表5-1所示。

表5-1 某项目进度安排示例

阶段	时间	研究内容
1	2020年4月—2020年8月	完成研究计划中的准备工作，研读国内外相关文献综述，到电商企业进行现场调研，了解企业需求。探索企业战略发展对实习生"工匠精神"要素的需求及"工匠精神"现状等
2	2020年9月—2020年12月	进行"工匠精神"测量量表开发、样本选择、问卷发放。通过专家意见法和预测试对初始问卷进行修正，并在此基础上进行大样本问卷调查，经数据分析和信效度检验，开发"工匠精神"测量量表
3	2021年1月—2021年9月	构建"工匠精神"模型，并运用SPSS21.0和AMOS21.0分析问卷，进行组织氛围对工匠精神的影响研究设计。分析组织氛围、组织认同、组织支持、人际关系、组织结构对工匠精神的影响强度和影响路径
4	2021年10月—2022年3月	开展产学研合作，在理论研究基础之上，为企业有针对性培育与提升电商企业实习生工匠精神提供支持，从而帮助他们完善员工培训系统，更好地与学校进行深度合作。成果整理与总结，撰写项目结题报告

文字表述和图表展现都是常用的书写项目进度的方法，它们各有优势，可以单独使用，也可以结合使用。

实例 5-8：如图 5-3 所示是一位研究者在课题申报中对项目进度的描绘，首先用一张图表述研究的顺序，然后进行文字描述。

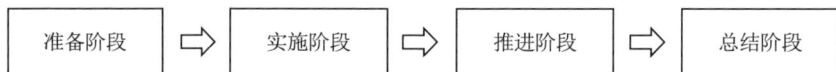

| 准备阶段 | ⇨ | 实施阶段 | ⇨ | 推进阶段 | ⇨ | 总结阶段 |

图 5-3 研究顺序

2020 年 4 月—2020 年 8 月，准备阶段：成立课题组，研究编写项目组织方案难点，深入收集和挖掘国内外关于"工匠精神"培育困境问题的相关资料，并对现代学徒制与"工匠精神"培育较好的高职院校开展广泛调研，全面系统研究国内外对该问题的研究现状和实施现状，了解掌握下一步研究变化和工作趋势。

2020 年 9 月—2021 年 4 月，实施阶段：在各项调研工作落实的基础上，建立基于黄炎培职教思想与"工匠精神"融合培育路径框架，分析大禹学院实际情况，确定试点对象，开展校企合作单位、企业导师的选聘工作，并做好项目实施的前期督查工作。

2021 年 5 月—2021 年 12 月，推进阶段：开展阶段性的研讨工作，交流经验心得，根据大禹学院的实践和对校企合作单位、高职院校工作的进一步调研，不断完善和修改培育路径方案及各项制度办法，开展全过程督查。

2022 年 1 月—2022 年 4 月，总结阶段：提交研究成果，邀请专家进行会诊，修改结题报告，用于全院范围内的推广。

这种文字和图表混合的描述方式能综合图表和文字的各自优势，也是项目申报中常用的描述方式之一。

第五节　拟解决的关键问题

拟解决的关键问题是项目内容的重要组成部分，反映申请者对课题总体目标实现的深刻理解和统筹解决的能力，如：各研究内容相互关系的进一步综合的难点，课题结论进一步验证可能出现的问题，不是技术上和设备上或课题合作可能出现的困难。拟解决的关键问题要写清楚，不少项目申报书中没有填写此项，评审专家就很难知道申请人是否了解项目研究的难点，以致难以判断申请人完成本项目的可能性。如果申报书上难点写得不清楚或者根本不对，评审专家也会认为申请人缺乏能力完成该项目。所以，此项必须写，而且力求写得准确。针对提出的难点，申请人要梳理设计研究方法、技术路线，才可以解决项目中可能会遇到的问题，项目才有较大的把握得以完成。

拟解决的关键问题不能没有。试想一下，假设你是评审，一个项目如果没有需要解决的关键问题，那么你觉得这个项目有立项的必要吗？所以申请者必须要写需要解决的问题，否则就没有意义。那是不是问题越多越好呢？并不是。因为问题多了，项目就大，申请人需要根据他所申请的项目的级别来写，如果写得太多了，专家会考虑申请人是否有能力解决这些问题。我们来看两个例子。

实例5-9：一个项目研究者在课题中提出了3点需要解决的关键问题：

①浙江省农民创业教育高效实施的有效路径。国家进一步加大了对

农民扶持的力度，出台了一系列措施鼓励农民创业就业。为了提高农民素质，保证农民创业教育的有序开展，以及为迫切需要就业和优化就业条件的弱势群体提供服务，本课题通过有效的对策来解决农民创业教育开展面临的难题，实施针对性的创业教育，提高农民创业素质，解决城乡富余劳动力的就业问题，使劳动力资源得到合理配置。②为浙江省农民创业教育培养提供理论依据。本课题不仅制订出适用于浙江省农民创新创业教育的评价指标，还剖析各评价指标对农民创业创新教育的影响权重，可以为浙江省农民创业教育的培养提供理论咨询和依据。结合农民创新创业教育的评价指标和影响权重，便于高校有针对性地开展农民创新创业教育培训实践活动，可以更加有效地提高参加学习的农民或者农村籍学生的创新创业能力和综合素质，促进受训者的全面发展，从而为社会培养出更多创新创业型人才。③为其他层次的教育开展创新创业提供实践参考。创新创业教育的核心是培养创新精神和创业能力，虽然本课题研究的对象是浙江省农民，但是农民受训者与其他教育群体之间具有较多的共性与联系。因此，本课题还可以为高等教育、中等教育、继续教育等群体有计划、有重点地开展创新创业教育，提供具有一定适用性和可操作性的技术方法体系和参考范例。这有利于促进创新创业教育与各级各类教育进行有效的融合，进而形成系统化的创新创业教育教学体系。

这3点问题不多不少，让专家了解了项目有研究的意义，而且申请者也有能力解决这些问题。

实例5-10：另外一位研究者在课题中对拟解决的关键问题的描述。

①通过问卷调查、访谈、观察、个案研究等方法了解中日职业教育教师对本国"工匠精神"的理解、形成和在教育教学中传承的实践状况，挖掘黄炎培职业教育思想对中国职业教育教师"工匠精神"形成的影响

路径。②比较分析不同国家和地区的职业教育教师"工匠精神"的内涵和特征的差异、影响其形成的关键因素及在传承实践中的不同思考和做法，这些内容将涉及历史、文化、经济等诸多背景。

这里研究者提了2点拟解决的问题，思路清晰，问题恰当，符合所申请课题的研究内容。

第六章

创新点、预期成果、去向和研究效益

科研项目有所创新，才有研究的价值和意义。但有效提炼出创新点，也不是一件容易的事情。预期成果是评审专家直接判断资助项目的价值所在，所以预期成果的展示不能只是简单地列出最终成果的名称，有的时候还需要用一些数据来表述，以示成果丰盈。去向和研究效益也是课题的重要组成内容，可以避免给评审专家造成研究成果无法在实际工作中得到应用的感觉，所以研究效益需要写出与实际应用价值密切相关的内容。

第一节　项目预期成果形式的确定与填写

预期成果指的是在某个项目开始之前预想的成果，形式可以是研究报告、论文、专利、专著、系统软件、产品、操作指南等。在申请项目的时候，申请人可以根据项目申报指南和申报书的有关要求填写预期成果，如研究报告的字数要求、论文的档次和篇数、专利的类型、著作的形式、软件的功能、产品的指标参数及应用范围等。

实例 6-1："电商企业组织氛围对高职实习生工匠精神影响的实证研究"项目申报书中写明的预期成果形式见下。

本项目的成果形式主要包括结题报告 1 篇、公开发表论文 1—2 篇。其中结题报告的内容主要包括：

（1）建立较为客观的电商企业组织氛围与高职实习生工匠精神内涵模型；

（2）基于问题的复杂性，设计较好的数据分析算法，探析组织氛围对员工工匠精神的影响强度和影响路径；

（3）验证工匠精神模型和进行影响作用分析。

该项目的预期成果形式较为明确：一是说明要完成项目研究报告（也即结题报告），社科联项目中往往还要求注明研究报告的字数，如 3 万字，实际完成报告的字数可以多于此字数，但不能少于承诺的字数；二是公开发表论文 1—2 篇，可进一步细化，改为在公开期刊上发表论文 1—2 篇，其中核心期刊 1 篇等。成果形式细化之后考核目标就更加明确，但是也会产生过多的束缚，一旦实际研究成果与预期成果不符时，可能会影响项目的结题。所以对成果形式的描述应量力而为。

实例6-2："校企合作共同体培养'产学研训'应用型人才的实践研究"项目申报书中写明的预期成果形式见下。

（1）课题中期阶段。走访兄弟学校、合作企业，开展调查分析；拟写中期调查报告，发表相关论文；组织课题相关活动，积累素材；召开课题组调研总结会议，为下阶段课题研究确定方向和布置工作。

（2）课题终期阶段。收集并整理资料，进行总结分析，对课题成果进行评估，发表相关论文，撰写课题研究总报告。

该项目的预期研究成果分中期阶段成果和终期阶段成果，一般情况下，浙江省人力资源和社会保障科研项目的研究成果是要求分阶段列出的，这种表述方式便于准确把握项目研究进度。

中期阶段的成果通常情况下多为调研报告、研究报告初稿或者完成相关研究论文的撰写工作等。该项目中期阶段成果中的"走访兄弟学校、合作企业，开展调查分析""组织课题相关活动，积累素材""召开课题组调研总结会议，为下阶段课题研究确定方向和布置工作"属于计划安排的内容，可以删掉。该项目的终期阶段成果也可以此类推加以精简。

实例6-3："'百万扩招'中的学生发展：高职院校就业保障机制研究"项目申报书中写明的预期成果形式见下。

撰写研究报告《"百万扩招"背景下高职院校就业质量保障机制研究》，并在学报公开发表2篇论文，其中力争1篇发表于北大核心期刊。

该项目的预期研究成果很明确，一是完成与项目名称一致的研究报告，二是发表2篇学术论文，同时也给出了目标期望"力争1篇发表于北大核心"，这种描述可进可退，既不会因承诺过高而影响结题，也给出了一定的质量要求。

实例 6-4："乡村振兴背景下涉农院校现代农业职业培训的实施策略研究"项目申报书中写明的预期成果形式见下。

（1）经过 2 年的努力，形成基于"校政企"联动的农业职业培训体系；

（2）经过 2 年的努力，"校政企"联动，建成区域共享型农业职业培训服务平台；

（3）拟 2 年内完成各类农业类职业培训 3000 余人次；

（4）发表相关论文 1 篇（论文题目为《乡村振兴背景下现代农业职业培训的实施策略研究》），形成课题研究报告 1 份。

该项目列举了 4 条预期的研究成果——形成职业培训体系，建成职业培训服务平台，培训 3000 余人次，发表论文并完成研究报告。其中，前面 3 条写到"研究成果去向"中更合适一些，特别是第三条"拟 2 年内完成各类农业类职业培训 3000 余人次"不应该是项目研究的范畴，也不是项目研究所控制的，受到其所在单位的培训计划、专业设置的限制。第四条中提到"发表相关论文 1 篇（论文题目为《乡村振兴背景下现代农业职业培训的实施策略研究》）"，一般来说一个研究项目可能会产出多篇相关论文，题目一旦限定之后，自由度就会受限，建议改为"发表相关学术论文 1 篇"即可。

实例 6-5："基于概率的既有钢筋混凝土梁式桥加固措施分类及影响机理研究"项目申报书中写明的预期成果形式见下。

（1）既有钢筋混凝土桥梁加固措施影响分析工具，又在原先 CBDAS V1.0 的基础上申请计算机软件著作权 CBDAS V2.0；

（2）基于概率的退化混凝土桥梁加固措施影响分析工具，由编写的随机分析程序和 CBDAS V2.0 组成；

（3）在核心期刊发表 2 篇或以上论文，其中 1 篇或以上被 SCI 或 EI 收录；

（4）团队成员中入选各类人才工程至少 1 人次，晋升高级职称至少 2 人次；

（5）项目最终的研究报告 1 份。

该项目为申报省自然科学基金的项目，其预期研究成果要求相对较高，如第三条中提到的相关研究论文要求是核心期刊起步。目前浙江省对核心期刊的认定一般参考最新版的北大核心期刊目录、南大核心期刊目录和浙江大学国内学术期刊名录，国外 SCI、EI 论文要附上收录证明材料。

项目的研究成果除了研究报告和论文之外，还可以根据项目的实际情况，形成专利、软件著作权、系统软件、人才培养方案等，如该项目的第一条、第二条和第四条，其中第四条会受到政策形势的影响，难度较大。

实例 6-6：“虚拟船舶航行智能评估系统关键技术研究”项目申报书中写明的预期成果形式见下。

（1）形成以“虚拟船舶航行智能评估系统关键技术研究”为题的研究报告 1 份；

（2）在核心刊物以上至少发表 3 篇论文，其中 SCI 1 篇，核心期刊至少 2 篇；

（3）软件著作权 1 项；

（4）使用 VC++ 语言开发虚拟船舶航行智能评估系统。

该项目为申报省科技厅基础公益计划的项目，其预期研究成果要求与省自然科学基金项目相当，对相关研究论文的要求都是核心期刊起步。该项目的研究成果除了研究报告和论文之外，还包括了 1 项软件著作权和 1 个智能评估系统，这两项成果属于关联成果，软件著作权是在所开发的系统基础上形成的成果。

　　软件著作权包括个人登记和企业登记两大类。个人登记是指自然人对自己独立开发完成的非职务软件作品，通过在登记机关登记备案的方式进行权益记录或保护的行为。登记是指具备或不具备法人资格的企业对自己独立开发完成的软件作品或职务软件作品，通过在登记机关登记备案的方式进行权益记录或保护的行为。软件著作权登记受理机构为中国版权保护中心。

第二节　项目研究成果去向分析

项目研究成果去向多指研究成果的依托或者用途，一般可表述为为相关部门提供决策参考，为同类研究提供借鉴，为企业相关产品的研发推广提供参考模式，为本单位或兄弟单位相关工作提供参考依据，等等。

实例6-7："电商企业组织氛围对高职实习生工匠精神影响的实证研究"项目申报书中写明的项目研究成果去向为：

在应用方面，工匠精神测量量表的开发与内涵模型的构建，有助于明确高职实习生工匠精神的要素内容及结构维度，促进学生个人职业生涯的发展；此外，通过实证研究，从组织层面中的组织氛围角度分析、验证其对工匠精神的影响，为企业有针对性地培育与增强电商企业实习生工匠精神提供支持，有助于校企进行深层次合作。

同时，依托校企合作企业和在校高职实习生及项目团队丰富的教改经验，并以长三角地区典型电商企业为例验证理论和方法的正确性和先进性，进而推动工匠精神理论在高职教育教学中的应用。

该项目研究成果去向有3处：一是"有助于明确高职实习生工匠精神的要素内容及结构维度，促进学生个人职业生涯的发展"；二是"为企业有针对性地培育与增强电商企业实习生工匠精神提供支持，有助于校企进行深层次合作"；三是"推动工匠精神理论在高职教育教学中的应用"。

实例6-8："校企合作共同体培养'产学研训'应用型人才的实践

研究"项目申报书中写明的项目研究成果去向见下。

校企合作共同体已在部分学校开启工作，但有关"产学研训"应用型人才培养的研究还很少，本课题的研究旨在总结出工学结合、产学融合、研训并施、知行合一的有效途径，为职业学校在校企合作共同体模式下培养"产学研训"式人才提供可靠的素材和依据，能对其他院校和企业给予有益影响或提供参考借鉴。

该项目研究成果去向有2处：一是"为职业学校在校企合作共同体模式下培养'产学研训'式人才提供可靠的素材和依据"，二是"能对其他院校和企业给予有益影响或提供参考借鉴"。

实例6-9："'百万扩招'中的学生发展：高职院校就业保障机制研究"项目申报书中写明的项目研究成果去向为：

为政府部门、高校或从事就业质量管理研究的学者提供参考借鉴，使其能够得到有关部门和领导的认可及采纳；为高职院校就业质量保障体系建设提供模式参考；为相关政府机关制定相关政策提供决策参考。

该项目研究成果去向有3处：一是"得到有关部门和领导的认可及采纳"；二是"为高职院校就业质量保障体系建设提供模式参考"；三是"为相关政府机关制定相关政策提供决策参考"。其中，第一处的去向比较模糊，难度较大，所述的"有关部门"未明确，是政府部门还是自己单位里的有关部门？如果是政府有关部门则难度较大。如果该项目与当下的就业形势和相关政策密切相关，且项目研究符合政策要求，是当下的热点或难点问题、具有一定的前瞻性和代表性，则得到有关政府部门和领导的认可及采纳的可能性还是比较大的。

实例6-10："乡村振兴背景下涉农院校现代农业职业培训的实施策略研究"项目申报书中写明的项目研究成果去向见下。

成果的应用面向社会，涉及台州市各类农业企业、退伍军人、下岗人员、新型职业农民及有志于从事农业生产的各类人群，受众面广人多。

通过成果的辐射带动，更多涉农专业的学生将会受益。同时，每年将完成 3000 多人的对外培训，且逐渐扩大培训规模，使更多的学生和社会人员受益，带来较大的经济和社会效益。

该项目研究成果去向描述不够清晰，比较笼统，不够具体明确。所给出的去向分析更像是效益分析，比如提到的受众"台州市各类农业企业、退伍军人、下岗人员、新型职业农民及有志于从事农业生产的各类人群""涉农专业的学生"等都是从社会效益方面出发的。

建议按照可为相关部门提供决策参考、可为同类研究提供借鉴、可为企业相关产品的研发推广提供参考模式、可为本单位或兄弟单位相关工作提供参考依据等模式来写。

实例 6-11："虚拟船舶航行智能评估系统关键技术研究"项目申报书中写明的项目研究成果去向见下。

为打破国外航海模拟器中自动评估模块的垄断局面提供重要技术支撑，为开发高品质的航海模拟器智能评估系统打下结实基础。研究成果将应用于大型航海模拟系统中，为海事仿真、海员培训与评估等社会服务功能更好地提供技术支撑与保障。

该项目研究成果去向有 3 处：一是"为打破国外航海模拟器中自动评估模块的垄断局面提供重要技术支撑"；二是"为开发高品质的航海模拟器智能评估系统打下结实基础"；三是"为海事仿真、海员培训与评估等社会服务功能更好地提供技术支撑与保障"。

实例 6-12："生涯发展视域下中职'三位一体'创业教育模式构建研究"项目申报书中写明的项目研究成果去向见下。

成果应用于中职学校创业教育的治理层面，供兄弟学校及省市教育行政部门或科研管理部门参考。

该项目研究成果去向虽然描写的字数不多，但表达很明确，主要去向有 2 处：一是"应用于中职学校创业教育的治理层面"；二是"供兄弟学校及省市教育行政部门或科研管理部门参考"。

第三节　项目研究经济效益与社会效益分析

一、科研项目经济效益的内涵

经济效益是指通过商品和劳动的对外交换所取得的社会劳动节约，即以尽量少的劳动耗费取得尽量多的经营成果，或者以同等的劳动耗费取得更多的经营成果。经济效益包括直接经济效益和间接经济效益。

直接经济效益是指国家、部门或企业从事某项经济活动（如进行某建设项目、从事某种产品的生产等），直接给本身带来的经济效益。间接经济效益正好与直接经济效益相反，是一种产品或一个企业、一个经济实体所取得的经济效益，可导致另一种产品或另一个企业、另一个经济实体经济效益的提高或降低。

经济效益分析是指对经济效益的好坏或多少进行考核、评价，对其形成的原因进行分析、研究。目的在于总结经验，揭露矛盾，以寻求进一步提高经济效益的正确途径。

间接经济效益以直接经济效益为基础。只有把直接经济效益与间接经济效益有机地结合起来，才能在经济活动中取得良好的经济效益。直接经济效益是企业直接得到的、能直接计量的经济效益，间接经济效益是企业不能直接得到、不能直接计量的经济效益，而是给予社会、其他企业的经济效益。

二、科研项目社会效益的内涵

社会效益是指最大限度地利用有限的资源满足人们日益增长的物质文化需求。广义的社会效益是相对于经济效益而言的，包括政治效益、思想文化效益、生态环境效益等；狭义的社会效益，亦与经济效益相对应，还与政治效益、生态环境效益等相并列。

社会效益就是项目实施后能对社会起到的积极作用。一般包括：促进地方经济发展，促进社会进步，带动就业，提高人民生活水平，提高学校培养人才的数量与质量，毕业生在社会上做出的成绩与贡献，社会各界对学校毕业生的积极反应，软科学研究成果对社会的科技、政治、文化、生态、环境方面所做出或可能做出的贡献，等等。这个没有明确的指标和考核内容，只需根据项目实施内容进行文字描述即可。

三、案例分析

实例6-13："基于黄炎培职教思想的中日职教教师工匠精神比较研究"项目申报书中写明的项目研究预期效益见下。

（1）为职业教育教师更好地理解、践行本国工匠精神提供资料，有利于促进良好职业道德修养的形成；

（2）为职业教育院校提升教师素养、加强师资队伍建设提供针对性的建议；

（3）为职业教育研究部门进一步开展研究提供借鉴；

（4）为职业教育管理部门制定相关政策提供依据；

（5）为已经或即将从事职业技术工作的人员理解、践行本国工匠精神提供学习素材；

（6）为关注职业教育发展、关注本国工匠精神传承和弘扬的社会人士提供学习材料。

该项目的预期效益有6条，且均为社会效益，对于这种类型的项目来说确实是很难体现经济效益的。该项目总结的6条预期效益可进一步凝练归并为对职业教育教师、职业教育院校和科研院所、相关教育管理部门、其他从业和关注人员等4个方面。

实例6-14："黄炎培职教思想视域下现代学徒制工匠精神的培育路径"项目申报书中写明的项目研究预期效益见下。

本项目以浙江同济科技职业学院大禹学院现代学徒制建设为例，将黄炎培职教思想与"工匠精神"职业素养融入现代学徒制教育全过程，希望通过2年的实践，打造具有水利行业特色的"现代学徒制"人才培养模式，从而提升人才培养质量，给其他高职院校提供借鉴和指导。

该项目的预期效益有2条，且均为社会效益：一是提升具有水利行业特色的"现代学徒制"的人才培养质量；二是项目研究成果可为其他高职院校提供借鉴和指导。

实例6-15："基于心理资本和目标导向的高职生就业绩效提升实证研究"项目申报书中写明的项目研究预期效益见下。

党的十九大报告中指出"就业是最大的民生"。每年毕业时都是"最难就业季"，加上高职生学历低、学制短、职业目标不明确、就业自信缺乏，高职生就业绩效成为社会各界关注的问题。本课题的研究对政府、高职院校和个体都具有重要意义。本课题可以为政府制定相关促进就业的政策、放大目标导向效应提供理论依据，为提升高职生就业绩效，构建和谐社会做出一定贡献；为高职院校教育改革提供一定的参考借鉴，尤其是为高校就业指导方面提供切实可行的建议；对高职生个体而言，可以帮助他们了解就业的现实状况，重视对心理资本的培养，以获得高质量的就业。

该项目在介绍预期效益之前做了背景铺垫，说明了"高职生就业绩效成为社会各界关注的问题"，然后从政府、高职院校和个体3个方面阐述了所能产生的社会效益：一是对政府制定就业政策提供理论依据；二是为高职院校教育改革提供一定的参考借鉴；三是可以提升高职生的就业质量。

实例6-16："生涯发展视域下中职"三位一体"创业教育模式构建研究"项目申报书中写明的项目研究预期效益见下。

通过对中职学校'三位一体'创业教育模式的构建研究，不仅可有效提升中职学校创业教育质量，也有利于培育学生创新创业素养，促进其职业生涯发展，从而为促进经济社会发展提供优质人才资源支撑。

该项目直接点明项目预期效益仅为社会效益，而无经济效益。预期社会效益有2个方面：一是"可有效提升中职学校创业教育质量"；二是"有利于培育学生创新创业素养"，进而为经济社会发展培育更多优质人才。

实例6-17："疫情后面向新时代退役军人职业教育和培训的探索研究"项目申报书中写明的项目研究预期效益见下。

本项目研究有利于强化温暖工程品牌建设，丰富温暖工程品牌内涵，可为有关部门科学决策提供依据，为职业教育改革提供参考，为技工院校创新技能人才教育培训提供方向，为企业破解人才制约瓶颈提供帮助，对于加快推进退役军人职业教育和培训，提高退役军人进入社会后的竞争能力，促进退役军人就业创业，更好实现退役军人自身价值，助推经济社会发展，服务国防和军队建设等方面，都具有重要意义、理论价值和实际应用价值。

该项目具有一定的前瞻性，结合当前新形势分析相关影响及对策措施，项目成果预期效益也是以社会效益为主，但是整段均用逗号，无明确的句意分隔符，略显混乱。可改为"本项目研究的预期成果为：一是有利于强化温暖工程品牌建设，丰富温暖工程品牌内涵，为中华职教社科学决策提供依据；二是为职业院校、技工院校的职业教育改革提供参考；三是可为企业破解人才制约瓶颈提供帮助；四是提高退役军人进入社会后的竞争能力，促进退役军人就业创业，更好实现退役军人自身价值，进而助推经济社会发展"。

第七章

科研项目研究经费和经费预算

开展教科研活动，离不开必要的经费支持，目前在职业院校中开展教科研活动，大部分学校都非常支持，并有相应的配套经费管理规定。教科研经费中，有些来自财政资金，有些来自企业的资助，根据经费的来源不同，管理要求也有很大的差异。所以进行教科研的教师，要预先了解所在单位对教科研费用使用的相应规定，并做好经费预算，这也是教科研中一项重要的工作。

第一节　科研项目经费预算的编制

一、科研项目经费预算编制的意义

科研项目经费预算编制是与项目研究计划相配套的项目经费计划。科研项目经费预算编制是项目负责人对根据立项的科研项目的研究计划开展研究所需要的各科目经费数量的编制，是实现项目经费规范管理、保证项目经费专款专用及精准科研的有效措施。经费预算编制的科学性和合理性是对项目负责人是否全盘掌握项目研究计划和如何准确实施研究的重要考量，是科研项目顺利开展的重要经济保障。科学的项目经费预算编制有利于科研经费的合理开支，从制度上保护科研人员合理规避财务风险，最大限度地提高科研经费的绩效统一，促进科研水平的整体提高。

二、科研项目经费预算编制的保障

如何才能做好科研项目经费预算编制？做好经费预算编制，一是要强化科研预算管理意识，科研单位及部门需要加强相关的教育和宣传工作，提高科研人员的责任心和预算意识；二是要完善预算管理制度，根据上级管理部门的文件精神制订学校自身的项目和经费管理制度，合理厘定预算管理人员的职责和权限，并且将预算管理的目标分配到每个科研人员，严格落实责任制，确保科研项目预算的可控性和科学性。三是要采用先进的预算管理体系，对科研经费进行合理评估和申报，并且细化开支，严格管理。在预算执行的过程中，也要加大监督力度，确保预算的事前、事中和事后监管工作的规范开展。四是科研部门需要做好与财务部门的协作和沟通。一方面，科研负责人需要丰富自身的财务知识，提高预算编制能力，同时，财务人员需要给予必要的帮助，共同完善预算编制；另一方面，在获得项目经费以后，科研人员必须根据预算进行支出管理，同时财务部门和审计部门要做好监督工作，确保科研项目的顺利开展。

三、科研项目经费预算编制的基本要求

1. 辨析科研活动的基本特点

科研活动与一般生产、服务业活动的最大不同在于：科学研究属于创造性劳动，是创造新理论、新知识、新技术、新产品、新方法等探索未知的活动；科学研究不允许重复，不允许复制，它的一切活动都是为了科学技术创新，为了科学技术进步与发展。只有切实了解了科研活动与其他生产、服务活动的不同特点，才能在编制科研项目经费预算时把握方向，使经费预算更符合科研活动的实际需要。目前，厅级项目多数属于人文、教育教学研究等文科类项目，不同于技术研究。因此，我们需要区分科学问题和工程问题，文科类项目更应注重对科学问题的研究，侧重经验的积累、对前人研究的积累、文献研究、调研分析、实证分析、模型分析等。因此，关注了研究活动的特殊性，对于经费预算编制的侧重点才有了较好的依据和说服力。

2. 必须充分理解科研项目的具体工作计划

科研项目的具体工作计划是保障项目有序开展的前提条件。科研项目的具体工作计划包括项目计划的周期、研究内容、研究方案、技术路线、方法手段及预期成果、需要投入的科研人才组成、物资设备需求等。因为科研项目经费预算既不能像产品生产那样清晰地了解一个生产周期内能生产多少产品，需投入多少原材料、辅料及燃料动力，也不知需要使用哪些厂房、设备等，所以，科研活动除人才投入可事前明确列入科研计划外，其他如资金和物的投入都是无法准确定量和定价的。在这样的情况下，认真把握科研项目计划，对编好经费预算尤为重要。

良好的计划是成功的一半。一个好的科研工作计划制订完成后，研究人员按照该计划实施，获得数据，经整理、分析得到结果，便可以完成项目。做好思路清晰、逻辑严密、可实施性及可操作性强的项目工作计划，除不可抗拒的因素外，将大幅降低项目延期或不能完成预期目标被清理的概率。

3. 认真落实该项目实施前已经具备的物质条件

盘点与项目相关的已经具备的物质条件是项目能正常开展的物质基础。反映在申报书中已经具备的物质条件基础越扎实深厚，越容易得到专家对申报者完成项目的信任。在开始准备项目投标或提出申请时，申报者需要认真梳理该项目承担单位除科技人才外，在物资设备方面已具备了哪些条件，包括开展新项目研究需要的各种物资设备，本单位现今已经具有哪些可供本科研项目使用的物资设备存量，还需增添什么设备等。要做到件件落实，如申请开发 APP 平台的厅级项目，除了软件编程工程师外，高配的电脑是必须具备的物质条件，假如连电脑这样基础的条件都不具备，在 1 万元有限的经费下申请买电脑，这样的申请肯定得不到专家的赞同票。

四、科研项目经费预算编制的基本原则

1. 实事求是

实事求是是科研项目经费预算编制的最根本原则。由于科学研究活动的特殊性，不同项目由于研究计划差异而没有统一标准，编制好实事求是的经费预算难度相对要大得多。因为各项预算数据的取得难度相当大，而且对各项需求很难找到可供参考的定额标准和数据，很多消耗只能以科研计划安排作为计算依据。所以要做到实事求是，一切消耗从实际出发，就要根据科研计划安排，参照以往其他项目的消耗情况进行认真分析，科学预测经费情况。

如果科研研究计划与预算编制计划不统一，申请人不顾科研计划一味强调经费的使用，将是科研经费预算的悲哀，这会造成科研经费不能专款专用，绩效也将成一纸空谈。如申请调研性项目，不顾研究计划，为了出行方便，在经费预算中写明购置电动车作为设备，这样的预算本末倒置，因为电动车不是用于调研研究的直接设备，因此不能列入经费预算。实事求是地列出差旅费、市内交通费等较为贴切。同时，不能列虚假的名目骗取科研经费。

2. 切实可行

切实可行充分体现科研项目经费预算编制的实操性原则。根据科研项目研究计划编制的经费预算必须符合财政部门和科技主管部门的编制要求，必须正确地贯彻执行相关的财经法规与制度，使经费预算经批准后在执行时不受其他方面的干扰，从而保证科学研究工作的顺利开展。

3. 勤俭节约

勤俭节约是做好各项财务工作应该认真贯彻执行的基本要求。在编制项目经费预算时要精打细算，贯彻一切从简的要求，积极挖掘单位的

经济潜力，使经费预算既能满足科研活动的需要，又能体现节俭的原则。比如差旅费中，选用的交通方式，飞机、高铁动车座舱等级，市内出租车、公交车或自助自行车的选择，住宿高低档次的选择等，如果经费有限，应尽量以最低成本获得最大的科研效益；又如材料购置，如何选择高性能且性价比高的材料，而不以高价作为选择标准。

五、科研项目经费预算编制的注意事项

1. 充分分析、研究科研项目研究计划提出的相关数据

科研属于创新的业务活动，申报人无参照物也无法找到相关消耗定额和相关费用标准来编制预算的计算数据。在这样的情况下，科研计划所提出的各项相关分析、测试、检查、检验、调查、考核等相关要求，就成为编制预算最可参考的原始依据。因此，在编制预算时，就要充分地分析、研究这些数据，将其作为预算编制最基础的核算依据。这些计划提出的数据必须翔实，考虑到重复性，以免少估算了经费而导致项目实施过程中因经费短缺影响项目实施进展。但也不能过高估算，以免经费不实。

2. 认真查找近似科研项目可供参考的历史数据

科研活动虽然属于创新活动，项目研究的对象各有不同，但是在一个专业的科研单位，会有一些近似研究路线的项目，可以对这些历史的信息数据进行分析、借鉴，让经费预算编制尽可能地接近实际。

3. 充分挖掘本单位原有的科研资源潜力

我国现有的科研机构，多是组建多年的老单位，在科研设施、设备方面都有一定的基础，因此在编制项目经费预算时，要充分挖掘这方面的潜力，以较少的项目投资，获取更大的效益。同时，可以请一些资深的科研人员指导编制项目经费预算。

第二节　科研项目经费预算编制的要求、来源与注意事项

一、科研项目经费预算编制的要求

编制科研项目经费预算应遵循"三性"原则。"三性"即目标相关性、政策相符性及经济合理性。每一项科研活动都有不同的过程，科研人员申报项目时，应按项目目标计划开展研究的活动所需要的资金编制经费预算，不能列支与本项目无关的费用，同时，经费开支要符合国家相关法规制度，经费预算要做到科学、合理。若科技人员认为自己不精于预算，可以请教有项目经费预算编制经验的老师或求助上级相关的科研管理人员，指导其完成项目预算的编制工作。

二、科研项目经费预算编制的资金来源

科研项目经费包括上级部门资助的科研专项经费及单位配套的自筹经费两部分。上级部门资助的科研专项经费包括国际合作交流费和激励费，支出国际合作交流费需提供签订的合作合同；激励费为激励项目组人员的绩效支出，其占直接费用扣除设备购置费的比例最高可达20%。配套自筹经费的数额根据各单位相关规定执行，项目申请人如有其他可以配套的经费如企业资助等，须做专门说明。

三、科研项目经费预算编制中各预算的科目

科研项目经费预算一般涉及直接费用和间接费用两部分。直接费用是指在项目实施过程中发生的与之直接相关的费用（见表7-1），包括：

（1）设备费是指在项目实施过程中购置或试制的专用仪器设备，对现有仪器设备进行升级改造，以及租赁使用外单位仪器设备而产生的费用。如使用省内外科研平台、重点实验室等相关仪器设备。

（2）材料费是指在项目实施过程中消耗的各种原材料、辅助材料等低值易耗品的采购、运输、装卸及整理等费用。如对园林植物改善空气质量的研究，园林植物就可以作为耗材在材料费中列支；一般的文科类研究中，少量的打印纸、优盘等可以作为材料费支出，但也需严格控制。

（3）测试化验加工费是指在项目研究开发过程中支付给外单位（包括承担单位内部独立经济核算的单位）的检验、测试、化验及加工等费用。委托测试化验加工须签订合同或协议等。

（4）燃料动力费是指在项目研究过程中直接使用的相关仪器、科学装置等设备发生的水、电、气、燃料消耗等费用。

（5）出版/文献/信息传播/知识产权事务费是指在项目实施过程中，需要支付的出版费、资料费、专用软件购买费、文献检索费、专业通信费、专利申请费及其他知识产权事务费等。2020年，财政部、国家知识产权局和教育部联合发文，对专利申请做了明确的规定，鼓励科研人员自己支付专利申请费，将成果转化为收益。因此，专利申请费是否可以在项目经费预算中列出，需根据相关单位文件执行。

（6）会议/差旅/国际合作交流费是指在项目研究过程中发生的差旅费、会议费和国际合作交流费。厅级项目一般不列支会议费。

（7）合作协作研究与交流费（国内合作）是指在项目研究过程中支付给国内合作协作的科研机构的费用。划拨研究经费给项目合作单位

的，需要签订合作合同，原则上配套经费不得外拨。

（8）劳务费是指在项目实施过程中支付给参与项目研究的研究生、博士后、访问学者、项目聘用的研究人员、科研辅助人员如职业院校学生及农民工等没有工资收入人员的劳务性费用。项目聘用的研究人员的劳务费开支标准，参照当地科学研究和技术服务业从业人员平均工资水平，根据其在项目研究中承担的工作任务确定，其社会保险补助纳入劳务费科目开支。

（9）专家咨询费是指在项目实施过程中支付给临时聘请的咨询专家的费用。专家咨询费不得支付给参与本项目及子项目研究和管理的相关工作人员。高级专业技术职称人员的专家咨询费标准为 1500—2400 元 / 人每天（税后）；其他专业人员的专家咨询费标准为 900—1500 元 / 人每天（税后）；院士、全国知名专家，可按照高级专业技术职称人员的专家咨询费标准上浮 50% 执行。

专家咨询活动的组织形式主要有会议、现场访谈或者勘察、通信 3 种形式。

①以会议形式组织的咨询，是指通过召开由专家参加的会议，征询专家的意见和建议。

②以现场访谈或者勘察形式组织的咨询，是指通过组织现场谈话，或者察看实地、实物、原始业务资料等方式征询专家的意见和建议。

③以通信形式组织的咨询，是指通过信函、邮件等方式征询专家的意见和建议。

（10）其他相关支出是指在项目实施过程中上述支出范围之外的其他相关支出。其他支出应提供预算测算依据并详细说明，重点考察经费使用与项目实施的关联性。

间接费用是指在项目实施过程中无法在直接费用中列支的相关费用，由管理费用和激励支出组成。间接费用按照不超过直接费用扣除设备购置费后的一定比例核定：一般情况下，200 万元以下的部分为 25%；200 万元（含）至 500 万元的部分为 20%；500 万元（含）以上的部分为 15%；社科类、软科学、自然科学基金和软件类科研项目按全额的 30% 核定；国家科研项目按国家规定的比例核定。

在此以纵向科研项目为例，展示其相关经费开支项目，具体如表 7-1 所示。

表 7-1　纵向科研项目经费预算表

（单位：万元）

经费开支科目		下拨经费	自筹经费	合计
一、直接费用				
1. 设备费				
2. 材料费				
3. 测试化验加工费				
4. 燃料动力费				
5. 会议 / 差旅 / 国际合作交流费				
6. 合作协作研究与交流费（国内合作）				
7. 出版 / 文献 / 信息传播 / 知识产权事务费				
8. 劳务费				
9. 专家咨询费				
10. 其他相关支出				
其中：市内交通费（<2%）				
二、间接费用				
激励支出	校内人员激励支出			
	校外人员激励支出			
经费支出（合计）				

会议 / 差旅 / 国际合作交流费、劳务费、专家咨询费、其他相关支出测算依据：

四、科研项目经费预算编制的注意事项

（1）科研项目经费不支持日常办公设备采购，采购大型设备时需注明采购的必要性及无法共享的原因。现在单件超过1000元的采购一般需作为固定资产入库。厅级项目经费投入少，研究内容侧重于理论或实证研究，一般不支持采购大型设备。假如科研需要用到大型设备，可以到相关实验平台租用或借用。

（2）预算较少的科目支出（不超过直接费用预算的10%），可以不编制测算依据；但金额较大时或占比重较大时，应分别详细列明和计算各开支内容。

（3）现行劳务费预算不设比例限制，但不能调增预算，因此，在做该项预算时，应充分考虑在项目实施过程中，需要支付人员的工资及为其支付的社会保险补助，并根据工资增长幅度，适当递增预算。劳务费支付的对象为没有工资收入的项目组外的为项目服务的人员，如职业院校学生、工人、农民等。

（4）有多个单位联合申报项目的预算编制，应事先协商经费的分配，列明于项目合同中。

（5）配套的自筹资金必须是货币资金，单位应根据自身财务状况提供相应的自筹资金，不要盲目承诺过量的自筹资金，造成专家认定无法配套反而影响项目的申报。

（6）激励支出是国家为了激励项目组科技人员而特地设置的支出。编制预算时，应足额做满间接费用，并分配好激励支出。一般做好支付单，并通过审批后，财务会把相关费用与每月工资一起支付。

（7）根据浙江省人民政府办公厅印发的《浙江省加快落实赋予科研

机构和人员更大自主权有关文件工作要点的通知》（浙政办发〔2019〕13 号）文件精神，为调动科研人员的科研积极性，鼓励科研人员自主创新，科研项目经费预算不设比例要求，但必须科学合理，同时需要经得起日后科研项目审计及绩效评估的检验。因此，一般而言，若在科研项目研究经费编制中确实需要的某项支出占比很大的话，最好有经费测算依据。比如项目预算中劳务费占 50%，专家咨询费占 50%，就必须写明劳务人员和专家的工作内容，费用发放的人数、天数，每人每天多少元，总计多少，经审批后方可执行。

（8）会议 / 差旅 / 国际合作交流费、劳务费、专家咨询费、其他相关支出的测算依据的编制需充分体现精准预算。如差旅费的测算，要精确到人数、天数、餐费和交通费补贴 / 人每天、住宿费 / 人每天，再合计差旅费。劳务费、专家咨询费的测算也要精确到人数和金额 / 人每天，再合计劳务费总额和专家咨询费总额。

（9）科研项目经费的限制。严禁将科研项目经费用于与科研活动无关的支出，包括但不限于以下内容：支付罚款、违约金、滞纳金、赔偿费、保险费、捐款、赞助、投资、旅游费、行政办公设备购置费、生活用品购买费、招待费、餐饮费、礼品购置费、通信费、上网费、各类充值卡等。严禁以任何方式挪用、侵占、骗取科研经费；严禁编造虚假合同和编制虚假预算；严禁将科研经费违规转拨、转移到利益相关的单位或个人；严禁购买与科研项目无关的设备、材料；严禁虚构经济业务、使用虚假票据套取科研经费；严禁在科研经费中报销个人家庭消费支出；严禁虚列、伪造名单及虚报冒领科研劳务性费用；严禁借科研协作之名，将科研经费挪作他用；严禁设立"小金库"。

第三节　科研项目经费预算的全过程管理

一、项目申报前期，加强项目预算管理的宣传与培训

1. 科研部门加强自身业务学习

高校科研部门作为科研经费财务核算的管理部门，首先要根据国家、省、市的新政策、新制度，不断提升自身的专业水平，更新专业知识，熟悉各类纵向科研项目经费预算书的编制要求和预算书中各项预算科目的支出范围，了解在预算执行过程中经常会发生超预算支出的项目有哪些，项目负责人怎么编制预算才能更合理，才能最大限度地避免与预算执行中会计核算发生大的偏离。科研部门只有熟悉自身业务知识，才能为项目经费预算编制提供科学指导和咨询。其次，要积极关注国家部委出台的财经政策，积极探索新的科研经费管理方法；还应积极组织项目负责人员深入学习和理解文件内涵，探索科研管理新方法、新程序。

2. 科研部门要加强与财务项目管理部门的沟通协调

针对目前大多数高校项目管理分属两个部门的情况，建议两个部门设立信息共享平台，加强沟通协调。科研管理部门在信息共享平台集中发布各类纵向科研项目申报受理时间、项目立项通知、项目结题财务验收工作安排等信息；财务部门通过共享信息，在项目申报前期可以及时组织相关科室，对有意申报项目的项目组或负责人进行培训，有针对性地对项目预算书的编制要求、编制注意事项等进行讲解。同时，财务部

门将预算编制注意事项、预算执行中出现的普遍问题等信息发布在信息共享平台上，方便科研项目管理部门和项目负责人查阅。信息共享平台也为项目负责人、财务人员与项目管理人员提供了一个沟通的平台，不断增强其预算管理意识。

二、项目申报时，认真组织项目经费预算编报工作

1. 高度重视预算编报工作

项目承担单位的科研管理部门、财务部门和项目负责人负责组织项目经费预算的申报工作，应在预算申报过程中加强组织协调，精心指导部署，做好项目预算编报的指导培训工作，同时认真审核、汇总各项目经费预算，确保预算编制质量。

2. 做好预算编报的准备工作

项目承担单位和项目负责人是编制预算的责任主体，对项目经费预算的真实性负责。项目负责人在编制经费预算前，首先明确项目研究目标、内容、技术路线、周期、参加单位、参加人员及任务分解等内容；其次认真阅读相关国家科技计划项目专项经费管理办法和学院制订的相关经费管理办法，并了解其他相关制度的要求与规定，结合科研活动的特点和实际需要，按照目标相关性、政策相符性和经济合理性的原则，坚持勤俭节约，合理安排支出，以提高资金使用效益，科学、合理、真实地编制《纵向科研项目经费预算表》。纵向科研项目经费的预算应包括上级部门资助的纵向科研专项经费及学院配套自筹经费两部分内容。学院配套自筹经费的数额按学院相关规定执行（项目申请人如有其他可以配套的经费，须做专门说明）。

项目负责人应在预算编制时，充分考虑项目实施过程中的经费执行

率、与外部签订合同等各种情况，认真做好预算编制工作。

（1）涉及政府采购的，要严格按照政府采购相关规定和程序编制政府采购预算。

（2）需要租赁外单位仪器、设备，委托外单位测试化验加工，邀请境外专家来华合作交流，以及划拨经费给项目合作单位等需签订补充合同的项目，需事先提供必要的佐证材料，经学院相关部门审核通过后，方可列入预算。

（3）因研究需要的境外差旅，项目负责人应事先提供必要的佐证材料，经相关部门审核后，报学院外事审批。经批准的境外差旅，才能列入预算。

3. 确保预算编报的真实性、全面性和客观性

项目经费预算申报书是上级部门审批项目经费的重要依据。项目负责人根据项目研究的合理需要，按照目标相关性、政策相符性和经济合理性的原则，认真编制项目经费预算。预算说明书是项目预算申报书的重要组成部分，其中各科目测算依据应尽可能准确可靠，预算理由应充分合理，预算编制要充分考虑研究内容、技术路线、考核指标等的要求，在同行业公允的范围内编制。项目负责人应考虑一旦预算批复后，实际经费开支与经费预算的吻合程度，即项目预算可执行、可操作，可保证经费使用的合规性、合法性的程度。

4. 加强预算编制过程中的财务咨询和服务

在预算编制中，科研部门应将预算编制中经常出现的问题和混淆的预算支出科目告知项目负责人，以提高预算编制质量。例如：①差旅费和市内交通费用。差旅费预算科目是指项目研发过程中开展科学实验（试验）、科学考察、业务调研、学术交流等所发生的外埠差旅费、市内交通费用等，项目组成员因项目研究任务发生的差旅费用、参与与项目研

究任务相关的国内学术会议的注册费、会务费可以列入差旅费预算。通常差旅费该报销的款项要严格遵循财务制度规定。市内交通费是指因项目实施需要平时在市内来回的交通费用，市内交通费的数额通常会受单位额度限制，因此，市内交通费在预算中的比例一般很小。②会议费与会务费。会议费预算科目是指在项目研究过程中为组织开展学术研讨、咨询及协调项目活动而发生的会议费用。项目组举办的与项目任务有关的会议（咨询会、交流会、验收会等）支出可列入会议费预算。在实际工作中，项目负责人在项目结题进行财务验收时将参加学术交流发生的会议费也列入会议费预算科目核算，举办会议通常列入单位会议指标，需按照招投标及相关会议规定。经费多为自筹的厅级项目或经费较少的项目通常不举办会议，因此不列会议费。项目验收时所产生的专家组验收费用可以专家咨询费的方式列支，会议场所可选择单位免费会议室。会务费是指项目组成员因项目研究需要参加的相关培训、会议所产生的费用，一般可与差旅费同时报销。

三、增强项目负责人的经费国有意识

纵向科研项目的经费来源为财政资金拨款，经费属国家所有，不受个人支配，项目负责人应严格按照项目所属类别对应的经费管理办法及相关的法律法规规定的开支经费进行项目研发。中共浙江省委办公厅文件（浙委办发〔2019〕51号）明确指出，项目经费实行包干制，由项目负责人或科研团队自主使用。项目实施结束后2—3年进行绩效跟踪评价，重点关注项目成果转化、应用推广及其产生的经济社会效益。

项目经费国有意识往往会被研究者忽视，由此会产生一些挪用科研经费的现象。科研人员首先要摈弃靠科研赚钱的不正确想法，如果有了

靠科研赚钱的想法，则会导致其想办法把钱装入自己口袋，克扣用于科研的经费，草草交差求过了事，这样就很难营造良好的科研氛围，深入发展科研，攀登科研高峰；只有摈弃这种不良思想，才能一心一意地做好科研，不断求索。

四、项目研发过程中，加强对经费预算执行的监督和检查

首先，建立健全科研承担单位的内部管理制度。科研项目承担单位要明确科研管理部门、财务部门及项目负责人在科研经费使用和管理中的职责和权限。科研管理部门建立健全与纵向科研经费有关的内控制度，制订间接费用（含绩效支出）管理办法，建立项目经费支出和预算调整审批程序。重点规范劳务费、专家咨询费、差旅费、会议费、国际合作交流费、协作费等的支出管理。其次，加强财务管理，严格执行预算。对于项目负责人提交的预算申请，科研处根据项目的实际情况，必要时组织校内相关职能部门、咨询专家或中介机构对本院拟申报的由财政资金支持的相关科研项目进行预算评审，提出预算审定建议。项目负责人应当依据预算审定建议及时修订预算。通过学院预算审批后，项目负责人方可使用该经费。如有的学校的审批程序为项目负责人提交《纵向科研项目经费预算表》，经各系（部门）审核、科研处审定、分管院领导批准后，由科研处填制拨款项目经费单，交财务处编制专项经费指标后方可使用。

目前，高校纵向科研项目经费到账资金大幅增加，对高校财务管理的要求进一步提高。高校要逐步完善财务管理的信息化水平，为科研项目提供优质高效快捷的财务服务。以浙江省某高职院校科研经费管理为例，该校目前使用的是"用友"软件，该财务核算系统的辅助账务系统

可以对纵向科研经费实行预算额度控制。在辅助账务系统中，根据经费类别不同，预先设置预算支出科目，将各预算支出科目作为预算额度控制点。科研经费到款以后，财务部门根据科研部门开具的项目经费建账通知单进行项目立项建卡（网络），根据项目经费卡（网络）管理，做到专款专用，单独核算。同时根据项目负责人提供的项目经费预算书，控制实际到款经费占预算总经费的比例（或项目负责人的需要），对预算支出科目进行预算额度控制。项目负责人在日常报销时，只要支出在预算额度范围内，就可以报销，否则就不能报销。这种额度控制在很大程度上减轻了项目负责人的财务压力，使其能安心做科研项目。同时，科研经费严格按照批准的预算使用，避免了经费超支的现象。

科研经费的使用应严格按照预算实施。经费预算一经批准后，一般不予调整。但在实际操作中，主要研究内容和目标调整或不可抗力等因素，对项目预算造成较大影响；确有必要调整时，应根据学院项目管理文件规定履行相关调整程序。项目经费预算调整通常在结题前提出，项目结题后一般不再做调整。项目结题后，如尚有纵向科研经费结余，上级部门下达的非财政经费和学院配套经费结余资金在 2 年内可留归项目组用于原项目的深入研究；2 年后仍未使用完的，由学院统筹安排。

五、项目执行结束，加强预算绩效考核

项目执行结束，需加强项目验收和结题审查，科研管理部门可以对财务预算执行优秀的项目组给予表扬，学校也可以对通过项目验收的科研经费负责人加大奖励。学校可以通过增加绩效工资、提供配套或科研启动费等形式的奖励机制，鼓励项目负责人将科研成果转化为生产力。

第四节 厅级科研项目经费预算编制的案例分析

实例 7-1：中华职教社 2020 年"电商企业组织氛围对高职实习生工匠精神影响的实证研究"项目（ZJCA01）的预算表（见表 7-2）。

表 7-2 经费预算 1

（单位：万元）

年份	合计	材料费	出版 / 文献 / 信息传播 / 知识产权事务费	差旅费 / 会议费 / 国际合作与交流费	专家咨询费
合计	2	0.4	0.8	0.6	0.2
2020 年	1.2	0.2	0.4	0.4	0.2
2021 年	0.6		0.4	0.2	
2022 年	0.2	0.2			

从预算表（见表 7-2）的设置来看，缺少预算科目栏，这大概与项目本身没有下拨经费有关。这一点与本项目预算正确与否无关。

从该项目的研究内容看：①在长三角地区采取面对面访谈的形式需要花费较多的差旅费；②进行"工匠精神"测量量表开发、样本选择、问卷发放。通过专家意见法和预测试对初始问卷进行修正，并在此基础上通过大样本问卷调查，经数据分析和信效度检验，开发"工匠精神"测量量表。其间需要列支打印费、专家咨询费、优盘或移动盘、纸等材料费。

从研究成果看，公开发表论文 1—2 篇，则需要支出论文版面费。从研究时间看，项目计划 3 年完成，经费预算分布在 3 年内，而且重点安排在第一、第二年。打印费、论文版面费都列入出版 / 文献 / 信息传播 / 知识产权事务费这项预算科目。

从各科目占总经费的百分比来看，出版 / 文献 / 信息传播 / 知识产权事务费占 40%，差旅费 / 会议费 / 国际合作与交流费占 30%，材料费占 20%，专家咨询费占 10%，项目经费安排与项目计划和内容的安排吻合。

由此可见，这个预算编制是根据项目研究计划和内容来编制的，较为科学合理。

实例 7-2：中华职教社 2020 年项目"乡村振兴背景下涉农院校现代农业职业培训的实施策略研究"（ZJCVD01）的预算表（见表 7-3）。

表 7-3　经费预算 2

（单位：万元）

年份	合计	差旅费、会议费	共享信息平台建设费	专家咨询费、小型会议费	论文版面费、各类资料打印费
合计	2	0.5	0.5	0.6	0.4
2020 年	0.3	0.2	0	0	0.1
2021 年	1.4	0.2	0.5	0.6	0.1
2022 年	0.3	0.1			0.2

项目预设研究目标：①经过 2 年的努力，形成基于"校政企"联动的农业职业培训体系；②经过 2 年的努力，实现"校政企"联动，建成区域共享型农业职业培训服务平台；③拟 2 年内完成各类农业类职业培训 3000 余人次；④发表相关论文 1 篇（论文题目为《乡村振兴背景下

现代农业职业培训的实施策略研究》），形成课题研究报告 1 份。 该项目经费预算与项目计划及研究内容所需开支基本吻合。但仔细研读，发现存在两方面的不足：第一，只有 0.5 万元用于建设共享信息平台，在目标中写明需建成"校政企"联动的区域共享型农业职业培训服务平台，似乎绩与效不是十分匹配，也许是平台已经基本完成，0.5 万元只是用于后续完善而已；第二，预算编制的科目不够规范，如共享信息平台建设费列为资料费较为合适。该项目所列预算科目符合实际，但欠规范。

实例 7-3：中华职教社 2020 年项目"基于黄炎培职教思想的中日职教教师工匠精神比较研究"（ZJCVA03）的预算表（见表 7-4）。

表 7-4　经费预算 3

（单位：万元）

年份	合计	项目			
合计	0.50				
2020 年	0.25	专家指导费、调研费			
2021 年	0.20	资料费、场地费			
2022 年	0.05	其他			

该项目列出的预算科目不够规范，如调研费具体以什么形式体现，可能归入差旅费科目较为合适；场地费不知道是会议场地费还是其他用途的场地费，一般不会有这样的科目，但从研究内容看不需要租赁场地。

实例 7-4：杭州市哲学社会科学规划课题应用对策类项目"基于城市更新理论的'老破小'住区可持续发展环境营造"（Z18YD014）的预算表（见表 7-5）。

表 7-5 纵向科研项目经费预算表

（单位：万元）

经费开支科目		下拨经费	自筹经费	合计
一、直接费用				
1. 设备费				
2. 材料费				
3. 测试化验加工费				
4. 燃料动力费				
5. 会议／差旅／国际合作交流费				
6. 合作协作研究与交流费（国内合作）				
7. 出版／文献／信息传播／知识产权事务费		0.288		
8. 劳务费		0.108		
9. 专家咨询费		0.108		
10. 其他相关支出				
其中：市内交通费（<2%）				
二、间接费用				
激励支出	校内人员激励支出	0.080		
	校外人员激励支出	0.136		
经费支出（合计）		0.720		

会议／差旅／国际合作交流费、劳务费、专家咨询费、其他相关支出测算依据：

　　该项目总经费为 0.720 万元，主要研究内容之一是对住宅小区进行调研，调研所在地为杭州老小区集中分布的文教区：翠苑片区、朝晖片区、大关片区、德胜片区、蚕花片区等。这样的调研是在杭州市内进行的，如果通过自驾出行或租用自行车出行，报销市内交通费显然非常麻烦，较难操作，打车的话恐怕费用会超标。因此，该项目不做市内交通费预算。这部分支出预算体现在校内人员激励支出 0.080 万元、校外人员激励支出 0.136 万元和劳务费 0.108 万元上，根据调研实际支出进行适当劳务补偿。专家咨询费为 0.108 万元，用于聘请专家进行指导。0.288 万元为论文版面费支出。这样的项目经费预算较为合理，经费使用可操作性强。

第八章

项目负责人制和项目组人员构成

　　教科研工作一般都是以课题小组的形式开展，科研经费也是以课题小组为单位进行下拨的。课题小组在开展科研活动时一般都是项目负责人制。也就是说，科研工作需要由项目负责人主持完成。所以项目负责人在安排项目研究工作时应综合考虑项目组人员构成，既要有协助完成科研工作的研究人员，也要有协助完成科研工作的配合人员，如完成调查问卷、处理统计数据的人员等。

第一节　科研项目负责人制

在高校科研项目管理中，项目负责人起着把控项目方向、凝聚项目团队力量和攻克关键技术难关的决定性作用。一方面，项目负责人要具备明确的目的认识和宏观的把控能力，统筹和把握项目的实施方案与实施进度，合理安排任务分工和项目进度；另一方面，做好与各个系统环节负责人员的沟通和交流，确保成员互相信任、互相沟通，以信息化工具为媒介，全面促进和修正项目方向的良性循环。科研项目负责人作为科研项目团队的首席领导者，负责团队组建、人员甄选、指南构思、分工安排、过程监督等一系列流程，其领导行为对重大项目的有效执行及重大科研成果的获取具有重要的影响。

一、科研项目负责人制的定义和内涵

所谓科研项目负责人制，是指在对项目进行管理的过程中，为了实现对团队成员的优化配置和强化管理，由专门的项目负责人对整个项目的资源、人力、经费进行统一的管理，从而提高管理的水平和效率的制度。

科研项目负责人制作为一种项目管理制度，突破以往针对项目管理变数较大的问题，以强制性的方式确定了从事研发项目管理人员的权利和义务，相对于以往的管理方法而言更具有约束力，进一步明确了责任主体、责任范围、目标和权益、风险承担方式，即明确其责、权、利，体现了责任大、贡献大、回报大的经济报酬原理。项目负责人制能够坚持以项目组织为中心，积极地组织、协调、统筹和控制项目的进展。如果项目内容够多，项目负责人可以将内容分割成若干个子项目，由项目组成员负责管理和开展研究，子项目间可以分工协作完成，也可以与绩效挂钩。

二、科研项目管理的特点

1.科研项目各阶段的非线性关系

科研项目都具有一定的阶段性，主要分为需求立项、执行、结束和评价4个阶段。科研项目具有阶段的线性，是一个任务接着一个任务来完成的，但是各个阶段是非线性的，具有一定的创造性，因而需要一个宽松的环境及决策的自主权利。

2.科研项目负责人与项目成员之间的正向不对称关系

科研项目的每一个工作人员的工作重点都不一样，可以说是各司其职，而负责人不一定了解所有人的工作内容，这就表明研究人员本身具有更多的决策权和发言权，负责人的管理虽然是针对整个项目的，但是要尊重每个人的想法。知识的反向不对称给管理者树立管理权威、实现项目的总体目标带来很大的困难。

纵向科研项目原则上实行项目负责人制，对于项目经费的过程管理，项目负责人应履行以下职责：

（1）负责编制科研项目经费预算；

（2）严格按已批准的预算使用和管理经费，并接受上级有关部门和学院的监督、检查；

（3）及时向主管部门报告项目实施进展、取得的绩效和年度经费使用情况等；

（4）负责编制科研项目经费决算，并及时报送财务处、科研处、审计处审签；

（5）需按照上级规定，完成项目信息公开的有关工作。

3. 科研项目管理具有创新的特点

科研创新的特点决定了科研管理具有创新的特点。科研项目在实施的过程中，发明、发现及推广应用等均属于项目的创新成果。在对科研项目进行管理时，加强创新管理，灵活运用反应机制，对智力系统的应用具有较好的促进效果。

4. 科研项目在运作的过程中存在一定的风险

科研项目的风险比较大。科研本身就是一项探索性的工程，存在着很大的不确定性，一方面不能够对未来的事物进行界定，另一方面对于客观事物也很不确定。所以，科研的结果很难预料，存在着失败的风险，管理上应该有相应的容错机制，给科研人员创造更多的机会。

5. 科研管理工作的软性和弹性

科研项目管理起来非常困难，主要是由于其探索的本质，不能够对整个科研项目进行有效的组织，尤其是项目研发的进度、预算及计划和控制等都存在着变更的风险。管理上既要严格按照制度执行，以确保项目经费预算编制的科学合理性，也要按照项目负责人制的要求充分尊重项目组提供的项目经费预算。因此，科研项目管理不仅仅是科研处一个部门的职责，还需财务处、审计处联审，才能做到项目经费预算编制既符合科学要求又合理合规。

三、基于项目负责人制的科研项目管理的几种机制

1. 建立矩阵式的科研管理模型

为了充分发挥科研项目组和各个职能部门的优势，建立基于项目负责人制的强矩阵的管理模式，能够降低项目负责人和职能部门之间的冲突，同时能够最大限度地集聚资源，提高沟通效率。另外，如果是专业研究人员，为了提高科研项目的效率，负责人要和原来的研发部门相脱离，这样才能够全心全意地搞科研项目，提高工作效率，减少项目研发的投入成本。但一般职业院校往往是教学、科研并重，教师无法脱离教学专门去做科研，因此，通常是教师的岗位身份不变，教师在承担着繁重的教学任务的前提下兼顾科研工作。

2. 加快建立项目团队的内部沟通机制

"团结才是力量"，要提高项目团队的凝聚力，就需要建立和谐的内部沟通机制，加强负责人和项目工作人员的沟通和交流，及时解除疑惑。所以，项目负责人不仅是领导，而且需与团队的成员成为工作中的战友和朋友。项目负责人除了要在学术上领先于团队成员外，还必须具备人格魅力，能够得到大家的赏识和钦佩，及时解除工作中的疑惑和矛盾，提高工作效率。

3. 赋予项目组最大的工作权限

项目工作权限过于集中会造成工作人员的工作积极性下降。因此，在项目负责人制的基础之上，应该更好地明确各个部门的职能和责任，对资金和时间等资源条件不能够过分地约束和绝对地限制，要以项目为中心，给予项目负责人和工作人员一定的权限，提高全队的工作积极性。

4. 积极进行风险测评

科研项目都具有一定的风险，因此基于科研项目负责人制的科研项

目管理也应该注重对风险的预测，避免措手不及。项目负责人应该通过前期的考察、调查和资料搜集，加强对风险因素的管理，控制一些技术风险；同时成立专门的风险评估部门或专家组，做好风险预测，加强评估的准确性和科学性，推进项目科研的进一步有效开展。如若由于不可抗拒因素，无法再继续实施科研，则需接受项目组提出的终止项目的申请，按照相关管理规定执行项目及处理经费。

5. 完善监督保障工作

只有加强监督和保障工作，才能推进科研项目的开展，因此，要推进标准化管理，建立科学的工作制度和管理规范，确保对科研的全过程进行全方位的监督。比如，定期对科研结果进行评估和监督，当阶段性工作完成之后要积极地进行文件归档，加强监督，提高工作效率，使得项目负责人能够及时了解工作动态，制订科研计划。

第二节　项目组成员的构成及梯度

　　科研项目经常需要团队共同完成，研究团队人员结构（年龄、职称、协作单位、研究领域、研究基础、专业知识与能力）的合理性甚至关系到项目审批和研究活动的成败。因此，项目负责人必须要考虑研究团队的合理建构，尽量做到5个结构合理：一是年龄结构合理，老、中、青结合，搭建研究梯队。二是专业学缘结构合理，尽量避免全部为相同专业。如某体育教师拟申报体育锻炼心理效益方面的项目，其优势是具有丰富的一线教学经验和资源，但相对缺乏心理学理论基础和学术研究经验，因此，可以在团队中增加具有心理学专业背景的研究成员。如此，可增加项目评审对该项目顺利完成的信任度。三是职称结构合理。如项目组成员由教授、副教授、讲师、研究生、工程师等组成，既有有着丰富实践经验的学术带头人，又有精于信息、外语技术且精力充沛的研究生、讲师，充分保障了项目完成的时间和质量。四是协作单位结构合理，尽量避免团队成员均来自同一个专业教研室，可以选择学校相关部门、高等院校和企业人员加入研究团队之中，尤其是校企合作产教融合项目，必须要有有经验的工程师加入。五是项目组成员具备有利于申请项目的前期研究成果，强强联合，增强项目的竞争力。科研项目申报书中需要详尽呈现项目负责人和团队成员的学术经历及与该项目相关的前期研究成果，包括科研项目、期刊论文、会议论文、学位论文、专著与译著等。前期研究成果的社会评价可以采用注明文献被引频次、被下载频次、获奖情况等方式，表明该项目已经具备较为扎实的研究基础，以期向评审专家证明项目负责人和团队成员有学术研究能力确保课题顺利完成。

第三节　项目团队构成的合理性

随着科学发展的分支化趋势和综合化趋势日益加强，各学科之间的交叉性和渗透性越来越强，面对日益复杂的科研项目，越发需要组建科研团队来进行联合攻关。科研团队成员在科研活动中相互配合、相互协调、取长补短，才能形成整体优势。当然，这种整体优势绝不仅仅是科研人员数量上的叠加，而是根据研究内容需要达到质量上的整合效应。

1. 科研团队不仅要有数量，还要有质量

厅级项目科研团队数量一般以 3—7 人为宜，通常会选择 5 人。人数太少可能会导致综合研究水平不够，人数太多可能会导致人浮于事。团队成员的年龄、学历、职称、知识能力要合理，既要避免"单兵作战"，又要避免"滥竽充数"。对于应用研究的项目，项目组成员除了专门从事理论研究的科研人员外，应尽可能吸纳 1—2 名相关部门的工作人员，这样既便于调研工作的开展，也有利于将理论与实践相结合。对于基础研究的项目，成员中除了该研究领域的教授专家外，还应有中青年学者及研究生，这样既有利于形成合理的团队结构，也有利于实现科研工作的"传帮带"及对青年人才的培养。

2. 科研团队不仅要形成合力，还要突出特色

要整合优势资源，凝聚科研力量，组建科研项目攻关团队。一要围绕申报题目的研究内容和方向，把不同学科、具有不同学术背景的科研人员组合起来。二要围绕优势学科和特色学科整合科研团队，并以优势

学科和特色学科的学术带头人为项目负责人，提高项目申报的竞争力。

3. 科研团队不仅要有本单位人员，还应根据需要吸纳外单位人员

在申报科研项目尤其是重大项目时，单独申报往往科研力量相对单薄，竞争力不强，此时可以联合其他高校、企业或科研院所共同申报，借助对方的科研实力来充实自己的研究力量，这样不仅有利于增加项目获得立项的概率，还有利于在科研中取长补短，产出高水平的科研成果。

4. 建立可持续发展的高校创新型科研团队

（1）努力实现创新型科研团队人员结构的合理化。创新型科研团队人员结构的合理化是科研团队实施并完成项目的重要保障。创新型科研团队人员结构不合理，会对整个科研团队产生严重的不良影响，因此必须采取措施，实现科研团队人员结构的合理化。学科带头人应该是整个科研团队的主心骨，也应该是相关项目的权威人物，在整个团队的组建和具体科研实施过程中都发挥着最重要的作用。这就要求学科带头人要有精深的学术造诣、较高的学术声望、高尚的学术道德和较强的组织协调能力。只有在这样的学科带头人的领导下，才能激发整个团队的积极性和创造性。具体人员组成的选择，则要基于整个团队梯队化的成员结构来考虑，从而保证团队具有相对的稳定性和动态性，使整个团队更趋合理。

（2）确立项目制的组建方式。项目制是一种科研管理制度，所依据的原则是公平竞争、择优支持。这种组织管理制度具有灵活性的特点。在这种制度下，不同学科、不同专业的人员可以自由组织团队，能充分实现不同学科间的有效沟通和交流；同时，还可以实现某些科研资源的共享，实现科研资源的优化配置。这种科研管理制度是对传统的科研制度的一个突破，打破了其僵化的体制，使科研团队拥有一个更加宽松自由的学术氛围，这对调动科研人员的积极性有重要帮助，能够对科研人

员产生一个良好的激励作用。对于整个科研活动而言，可以避免"闭门造车"，能够有效加强对外沟通交流，在沟通交流中获得发展。

职业院校科研创新团队可以与教学团队有机结合起来，如教学科研创新团队，而科研创新当然包括产学研、产教融合的创新研究及成果转化应用等。因此，可以根据成果的需求来组建若干科研创新团队，如青年科研创新团队、专利研发创新团队、职业教育研究创新团队、高层次研究创新团队等分别专攻厅级项目，发明专利及成果转化、教育成果、省部级项目等，让专业的人做专业的事，最大限度地调动科研人员研发的积极性，谋求精准科研，从而产生科研的最大绩效。职业院校要结合学院主干专业群，开发选定若干研究方向，扬长避短，对选定的研究方向进行地毯式的研究，日积月累，使科研水平上升一个台阶；同时，需要加强对项目负责人的培养力度，增强团队战斗力，提高科研水平，最终要形成有别于本科院校的、具有职业院校特色的科研成果。

（3）建立团队内部的有效激励和约束机制。高校创新型科研团队的内部拥有有效的激励和约束机制，可以激发团队活力，保证始终规范地进行团队研究工作。在激励机制方面，除了运用效益激励外，团队内部负责人应该通过其他方式对团队成员进行激励，如项目划分子项目，确定子项目负责人、工作内容与项目经费等。团队内部的老师要多帮助和鼓励职称相对较低的老师，使他们的价值在科研工作中能部分得到实现。团队内部也要有一定的约束机制，如果没有有效约束会导致部分科研人员在工作中出现随意性。在科研中，对于科研人员的研究态度应严格要求，这是保证科研质量的前提。如果科研人员没有一个严谨踏实的科研态度，必定会影响到科研质量。

第四节 项目组成员构成案例分析

实例 8-1：中华职教社 2020 年项目"电商企业组织氛围对高职实习生工匠精神影响的实证研究"（ZJCA01）的信息表（见表 8-1）。

表 8-1 项目负责人及项目组主要成员表 1

项目负责人	姓名	邹××	出生年月	1979 年 7 月	研究方向	电子商务应用	
	职称	副教授	职务		学历	研究生	
	工作单位	浙江经贸职业技术学院					
除项目负责人的项目组主要成员	姓名	职称	学位	专业	工作单位	承担任务	本人签名
	商××	教授	硕士	电子商务	浙江经贸职业技术学院	项目指导	
	张××	讲师	硕士	管理工程	浙江经贸职业技术学院	模型构建和进行算法研究	
	朱××	讲师	硕士	教育学	浙江经贸职业技术学院	模型构建和数据分析	
	许××	助教	硕士	电子商务	浙江经贸职业技术学院	模型验证和数据分析	

　　该项目组成员共 5 人，职称结构上，副教授 1 人，教授 1 人，讲师 2 人，助教 1 人，各职称段齐全。专业结构上，成员主要分布在电子商务、管理工程和教育学 3 个专业，其中作为项目主要业务范围的电子商务专业有 3 人，以及兼顾了擅长模型构建、数据分析和算法研究的管理工程专业 1 人；研究内容中涉及高职实习生"工匠精神"，因此吸纳了教育学专业老师，专业上与研究内容充分吻合。年龄结构上，做到了老中青的结合，经验传承与新知识发挥相结合，智慧型与具体操作型有机结合。数量结构上，对于厅级项目而言，3—5 人是比较适当的数量。美中不足的是，假如有吸收企业人员参与共同研究，项目研究成果可以被企业采用，这样可以提高项目成果的实际应用和绩效。此外，如果有其他单位成员参与研究，可能有利于方法创新，拓宽研究思路。

　　实例 8-2：浙江省民政政策理论研究规划课题"杭州市武警退役士兵定向岗位开发调查研究"（ZMZC201752）的成员信息表（见表 8-2）。

表 8-2　项目负责人及项目组主要成员表 2

项目负责人	姓名	陈 ××	出生年月	1978 年 4 月	研究方向	职业教育教学	
	职称	助理研究员	职务		学历	研究生	
	工作单位	浙江建设职业技术学院					
项目组主要成员	姓名	职称	学位	专业	工作单位	承担任务	本人签名
	袁 ××	大队长		武警士兵训练及管理	武警浙江总队直属支队一大队	实践研究	
	郭 ××	干事	硕士	职业教育	浙江建设职业技术学院	研究探讨	
	董 ××	研究员	博士	土木工程大学教育	浙江工业大学	理论分析	

　　该项目组成员共 4 人，职称结构合理，有高级职称 1 人，中级职称 3 人（其中博士研究生 1 人）。专业结构上有与项目内容直接相关的武警浙江总队直属支队大队长参与，为项目调研获得数据和实践研究提供了可靠的条件；浙江工业大学研究员的加盟则提高了项目理论研究的高度；项目负责人和另一位干事擅长项目数据统计分析、论文写作和结题报告写作。项目组人员数量虽不是很多，但都是参加项目实际研究的成员，能发挥每个成员的作用，有利于项目的高质量完成。

　　实例 8-3：浙江省教育厅一般科研项目"高校专业型社团育人实践的现状、问题及对策——以 18 所省赛高校为例"（Y201840609）的成员信息表（见表 8-3）。

表 8-3　项目负责人及项目组主要成员表 3

项目负责人	姓名	俞××	出生年月	1982 年 12 月	研究方向	思想政治教育	
	职称	副教授	职务		学历	研究生	
	工作单位	浙江建设职业技术学院					
项目组主要成员	姓名	职称	学位	专业	工作单位	承担任务	本人签名
	曹××	副教授	硕士	思想政治教育	浙江建设职业技术学院	政策分析、协助实施	
	李××	教授	硕士	工程造价	浙江建设职业技术学院	专业剖析、文献研究	
	马××	讲师	硕士	工程造价	浙江建设职业技术学院	问卷访谈及座谈等调研工作	
	陈××	经济师	学士	工程造价	浙江省工程造价总站	联络协调总体推进	
	董××	讲师	硕士	思想政治教育	浙江建设职业技术学院	资料整理、数据分析	

　　该项目组成员共 6 人，职称结构上，高级职称 3 人，中级职称 3 人，对于厅级项目而言阵容强大；专业结构上，主要由思想政治教育和工程造价专业的教师构成，与研究内容所述专业高度吻合；学历结构上，其中有 5 位硕士研究生，1 位本科毕业生，知识层面完全能满足项目要求；年龄结构上，以年轻人为主线，老中青相结合，便于开展调研、数据整理和写作等工作；大部分人员属于同一个单位，其优点是团队成员相对稳定，可以开展系列持续研究。其不足之处在于研究方法、研究思路等方面易于闭塞死板，灵活性上会有些欠缺。

　　实例 8-4：杭州市哲学社会科学规划课题应用对策类项目"基于城市更新理论的'老破小'住区可持续发展环境营造"（Z18YD014）的成员信息表（见表 8-4）。

表 8-4　项目负责人及项目组主要成员表 4

<table>
<tr><td rowspan="3">项目负责人</td><td>姓名</td><td>胡 ××</td><td>出生年月</td><td>1973 年 11 月</td><td colspan="2">研究方向</td><td colspan="2">土木工程教育、城市住区建设</td></tr>
<tr><td>职称</td><td>讲师</td><td>职务</td><td></td><td colspan="2">学历</td><td colspan="2">研究生</td></tr>
<tr><td>工作单位</td><td colspan="7">浙江建设职业技术学院</td></tr>
<tr><td rowspan="5">项目组主要成员</td><td>姓名</td><td>职称</td><td>学位</td><td>专业</td><td colspan="2">工作单位</td><td>承担任务</td><td>本人签名</td></tr>
<tr><td>贾 ××</td><td>教授级高工</td><td>硕士</td><td>土木工程</td><td colspan="2">浙江省建筑装饰行业协会</td><td>调研</td><td></td></tr>
<tr><td>黄 ××</td><td>副教授</td><td>硕士</td><td>土木工程</td><td colspan="2">浙江建设职业技术学院</td><td>调研</td><td></td></tr>
<tr><td>干 ××</td><td>副教授</td><td>硕士</td><td>土木工程</td><td colspan="2">浙江建设职业技术学院</td><td>调研设计</td><td></td></tr>
<tr><td>金 ××</td><td>教授</td><td>硕士</td><td>土木工程</td><td colspan="2">树人大学城建学院</td><td>调研设计</td><td></td></tr>
</table>

　　该项目组由 5 位成员组成，职称结构上，项目负责人是讲师，参加人员中有 2 位教授，2 位副教授，这样增强了项目组整体的研究实力；学位结构上，5 位成员全都是硕士研究生，具有相当强劲的研究力量；年龄结构上，以中青年中坚力量为主，在调研、统计分析方面实力较强；单位结构上，成员中有行业协会专家，有合作大学的教授和本校教师，通过他们可以把握行业前沿，使研究具有先进性；专业结构上，成员全部为土木工程专业，对于老旧小区住区改造具有非常专业的眼光和技术。假如再吸纳一位园林专业的教师或园林企业技术人员，在可持续发展环境营造方面可能会更加凸显优势和专业化。就目前的人员结构来看，装饰协会的教授级高工具有丰富的装饰经验，可以弥补这方面的不足。

第九章

项目申报书提交前应了解的几个问题

　　完成了整个申报书的编制工作，准备正式在网上或者线下提交申报书，这是申请人可以修改申报书的最后一次机会，所以必须再按照申报要求认真检查相关细节，包括有些项目申报要求的本人签名、单位盖章、合作单位出具的相关证明等，确定全部无误后正式提交。一旦正式提交就无法修改，若及时发现且必须修改时，也要第一时间联系单位管理人员表示谦意并请求及时退回，然后修改后重新提交，但这样会给管理人员增加额外的工作量，应尽量避免。

第一节　了解相关项目评审标准

教科研项目评审是科研项目评审过程中的重要活动，也是决定申报项目是否立项的关键一环。目前，科研项目的评审主要采用函评、网评或者会议审查等方式。函评和网评是将评审参考标准和项目申报资料发给评审专家，由评审专家自行安排评审时间，最终将评审的结果反馈给组织机构，由组织机构汇总；会议审查则由评审组长组织评审会，会上评审专家查看项目申报资料，根据评审评价参考标准进行打分，最后汇总专家的评价分数后确定结果。其实这几个方法的实质是一样的，都是采用项目评审的定量方法进行评价。目前通过定性评审来确定科研项目立项的情况已经逐步减少。

实行科研项目量化评审的好处在于：

1. 统一了评审标准，有利于项目间质量的比较

有了一个明确的量化评审要素，既明确了被评审对象通过阶段评审所应具备的条件，同时也为评审专家提供了一种相对准确的"尺子"，缩小了对评审要素理解上的误差，让评审专家拿着相同的"尺子"去评价评审对象，保证了各项目之同评审标准的一致性。在评审标准一致的情况下，可体现各科研项目同阶段之间质量的差异。

2. 可以规范评审行为，为评审管理乃至项目管理向科学化、规范化方向发展创造条件

量化评审要素是科研项目申报阶段的特点，不但有定性的要求，还

175

有定量的要求，一定程度上可以克服对评审要素理解的随意性，使对评审要素理解、掌握趋于共同性。

3. 为评审专家提供导向，有利于提高评审效率

通过向评审专家提供覆盖各阶段应具备要素的量化评审表，可以有效地引导评审专家关注此次评审的重点，提高评审的有效性。

4. 为量化管理提供支撑，有利于过程持续改进

通过对量化评审的结果进行分析，再采用六西格玛方法，利用统计学原理，可以找出影响各阶段质量的潜在原因和关键因子，进而提出改进措施并加以控制，达到持续改进的目的。

如从 2020 年开始实施的、由浙江省人力资源保障厅和浙江省中华职业教育社共同设立的"浙江省中华职业教育科研项目"，根据《浙江省中华职业教育科研项目管理办法（试行）》中关于项目立项评审的规定，制订了"浙江省中华职业教育科研项目立项评审网评专家评分参照表（试行）"。为便于职教教师全面了解专家评审的一些依据，下面列举了教育厅、教育协会、教育规划等相关部门对职教科研项目的管理单位所实施的评审标准。仔细研究可以发现，这些评审标准基本大同小异，都覆盖了核心内容。

实例 9-1：浙江省中华职业教育科研项目立项评审网评专家评分参照表（试行），见表 9-1。

选题意义——项目立项的否决性指标

□符合　□不符合（不进入网评）

（1）是否在浙江省中华职业教育科研项目立项的 4 个方向范围内［黄炎培职教思想和工匠精神研究（A 类项目）、产教融合和生产现场管理研究（B 类项目）、职教就业创业研究（C 类项目）、温暖工程研究（D 类项目）］；

（2）选题方向是否正确，对职教发展是否有积极意义。

表9-1　浙江省中华职业教育科研项目立项评审网评专家评分参照表
（试行）

评审内容	评审标准（两级标准）描述		分值
研究基础	1. 已有相关基础成果 2. 熟悉本项目研究现状 3. 参考文献具有代表性	1. 没有相关成果 2. 不了解本项目研究现状 3. 参考文献没有代表性	10
课题设计	1. 目标明确，重点突出，难点合理；论证充分，研究路线清晰 2. 预期研究成果明确、经费预算合理	1. 目标不够明确、内容空泛、论证不充分、研究思路模糊 2. 预期研究成果不明确、经费预算不合理	40
研究方法	1. 研究方法科学 2. 研究方法可行	1. 研究方法不科学 2. 研究方法不可行	15
研究条件	1. 负责人和主要成员曾完成多项研究课题 2. 课题团队具备足够的研究能力、充足的研究时间，拥有丰富的研究资料，有相应的研究条件	1. 负责人和主要成员未完成过研究课题 2. 课题团队研究能力不足，研究时间、研究资料和相应的研究条件缺乏	15
成果应用	1. 预期社会效益、经济效益明显 2. 符合发展需要，可推广应用性强	1. 预期社会效益、经济效益不明显 2. 成果可推广应用性差	20

说明：得分以整数计，专家在评价栏目的分数之内酌情打分。

实例 9-2：×××省高等职业教育教学改革项目立项评审指标体系（见表 9-2）。

表 9-2　×××省高等职业教育教学改革项目立项评审指标体系

一级指标	二级指标	等级标准				分项得分
		A(8.5—10分)	B(6.1—8.4分)	C（4—6分）	D(4分以下)	
立项依据（30分）	选题意义和应用前景（10分）	选择高等教育教学领域中的重大问题或热点、难点问题、有重要研究意义和近期应用前景	选题有较大的研究和改革意义，能解决现实问题	有一定的研究意义，有应用前景	研究意义不大，应用前景不明显	
	对国内外研究现状的分析（10分）	清楚，且分析准确、全面	清楚，但分析不够全面	了解部分情况，分析不准确	不了解现状	
	立项依据（10分）	依据充分，有较强的理论基础，科学性强	依据较充分，有理论基础	依据和理论基础不明显	依据不明确，理论基础差	
研究内容及方法（40分）	研究内容和拟解决的关键问题（20分）	范围合适、重点突出、关键问题选择准确(17—20分)	基本合适、关键问题选择较准确（12.1—16.9分）	不够合适，只抓住了部分关键问题（8—12分）	不合适，没有抓住关键问题（7分以下）	
	拟采用的研究方法和技术路线（10分）	科学，先进，可行且有创新	先进，可行	可行	难以实行	
	改革的预期目标和成果（10分）	目标和成果明确，有先进性或有突破，受益面很大	目标和成果较明确，有一定的先进性，有较大受益面	预期目标和成果不够明确，受益面小	不明确，无先进性	

续　表

一级指标	二级指标	等级标准				分项得分
		A（8.5—10分）	B（6.1—8.4分）	C（4—6分）	D（4分以下）	
工作基础（30分）	与本项目相关的工作积累（10分）	是原有改革的进一步深入和创新	有一定相关工作的积累，基础较好	做过类似工作，基础一般	没有这方面的工作基础	
	已具备的改革条件和保障措施（10分）	配套条件和保障措施好	配套条件较好，有保障措施	配套条件和保障措施一般	配套条件和保障措施较差	
	项目主持人及成员组成（10分）	有较多研究成果，学术水平高；成员结构合理且研究力量强	有一定的研究成果，有一定的学术水平；成员结构合理且研究力量较强	成员结构基本合理，但研究力量一般	成员结构不够合理或研究力量较弱	
评委代号		评价总分				

评判说明：

（1）对9个二级指标进行打分，评价总分用于排序；

（2）拟立项项目二级指标的等级评定必须满足以下条件：A+B+C ≥ 8个。

实例9-3：××省教育厅教学建设与改革项目立项评审参考标准（试行）。

一、关于问题（21分）

（1）提出问题的前提正确。

（2）问题的答案存在，可以预测。

（3）提出的问题具体，有明确的界定（外延和内涵）。

二、关于选题（21分）

（1）选题具有创新性：别人没有提出过；或在别人研究的基础上提出新的观点，解决别人没有解决的问题。

（2）选题具有价值性：项目的实用性或价值性。

（3）选题具有可能性：

主观条件——研究者具备的知识结构、研究能力等；

客观条件——进行项目研究应具备的相关文献资料、研究条件、环境条件等。

三、关于方案设计（21分）

（1）思路清晰，方法科学，重点突出。

（2）分析符合逻辑，经得起推敲和验证，具有一定的可行性。

（3）提出的方案能够实践。

四、关于人员构成（20分）

（1）项目组成员结构合理，老中青结合，专业兼顾课题研究领域。

（2）项目组成员分工符合课题的论证和需要解决问题的要求。

五、关于项目预期成果（17分）

（1）提出的研究成果符合课题的目标，并对相关教学领域有一定的指导意义和实用价值。

（2）完成时间的设定符合课题客观要求。

实例 9-4：××省教育厅职业教育课堂教学改革项目立项评审指标体系（见表 9-3）

表 9-3　××省教育厅职业教育课堂教学改革项目立项评审指标体系

一级指标	二级指标	主要观测点	评估标准	分值
立项依据	改革的必要性及意义	改革背景、改革主题现状、改革现状及意义	对改革背景洞察清晰，对改革主题现状分析准确，切中主要存在问题的本质，全面了解改革现状	10
改革内容	教学内容、方法、手段改革	课内教学模式创新	课内讲授学时压缩1/3左右，课堂讨论、学生演讲等环节是否加强，是否注重引导学生主动参与、独立思考等	30
		课外实践教学模式创新	是否注重引导学生课外主动学习，课内外学时比达到1：3以上等	20
	课程评价方式改革	成绩评定的组成	注重学习过程，期末考试成绩在总评成绩中的占比不超过50％。学生成绩要呈正态分布	20
实施方案	可行性	改革方法、改革条件	科学合理地采用改革方法与手段	10
预期效果	改革的成效	学生学习效果的改善和能力的提升	预期改革成效显著，突出学生自主学习和探索创新能力	10
总分				100

实例 9-5：××省教育科学规划立项课题评审标准。

一、评审原则

本着公开、公平、公正和实事求是的原则，严格按照评审标准和程序进行认真评审。具体应坚持以下原则：

坚持正确导向原则。评审出的课题要认真回答我县教育改革与发展中重大的理论和实践问题，发挥教育科研对教育实践的指导作用，使我县的教育科研更好地为教育改革服务。

坚持理论联系实际，以应用研究为主、理论研究与应用研究相结合的原则。评审出的课题要在注重理论研究的同时，更应注重应用研究，切实保障教育科研为我县的教育改革与发展服务，为寻求我县教育发展的合理模式与结构提供正确的理论指导，并发挥好决策咨询的作用。

坚持大胆探索、勇于创新的原则。评审出的课题要体现创新精神和创新原则，要有创新的研究内容和创新的研究方法，使我县的教育科学研究更加具有科学性、预见性、指导性和时代性。

坚持提高质量、重点突破的原则。评审出的课题在选题上要做到突出重点，兼顾一般；要具有重要的理论价值和实践指导意义，具有较高的学术价值和应用价值。

二、评审标准

（一）研究课题的意义

所报课题应具有较高的理论和实践价值，适应当前教育改革的形势，能反映先进的教育教学理论；

在课题研究的预期效益上，能使学生受教育质量水平明显提高；

教师的专业知识水平和理论素养有明显提高；

教育科研能力不断增强；

能促进教学管理的改善和教学过程的优化；

能取得有较高的学术价值和推广应用价值及代表我县教育科研发展先进水平的科研成果；

成果适用范围广，推广及发展潜力大。

（二）科研课题的选题

研究的问题具有时代性、前沿性和创新性；

所报课题选题要精，立意要高，研究要深；

选题要从实际出发，不能重复，不能过于宽泛，要有新意；

结合我县教育改革与发展中的热点、难点、焦点问题提出课题，开展研究。

（三）课题价值的科学性

研究课题对教育工作面临的问题是否有针对性；

研究课题对解决教学实践问题是否有实效性；

研究课题是否具有独创性；

研究课题所预期成果的应用是否有推广价值；

研究课题教育理论体系是否完整。

（四）课题研究的水平

对课题的内涵和外延界定明确，研究依据充分；

对课题研究的现状和实验假说论证充分、科学，课题研究的突破点明确；

研究目标和内容明确具体；

课题研究的操作性强；

课题申报书填写规范，逻辑结构严谨，层次分明；研究方法科学，符合课题研究的需要。

（五）课题研究方案的完整性

课题研究目标是否明确、具体；

课题研究的实施过程与目标是否一致；

课题研究的信息资料掌握是否充分；

课题研究的方法、步骤是否科学、具体及切实可行。

（六）课题研究的实际可行性

课题负责人的学术、研究和组织能力能否承担该课题；

课题负责人的时间、精力能否保证课题的顺利完成；

课题负责人所处的工作环境是否有利于他的研究；

课题研究的资料是否翔实，方案设计水平如何；

课题研究人员素质如何，结构是否合理；

课题研究单位是否给予经费上的支持。

第二节　掌握课题申报的程序

　　申请科研课题是职教教师生涯里必不可少的一项工作。教师每天工作在教育教学的第一线，他们需要去思考和解决的问题很多。教师需要从班集体的建设和管理中发现问题，从学生的学习生活中看到问题，从教材中挖掘问题，从教育教学的动态发展中获得问题，从别人已有的经验中探讨问题。教师需要带着问题去研究、探索和实践，这也是学校科研最具有开发意义的课题资源。但对于许多刚从学校毕业踏上工作岗位的新教师，或者长期忙于教学、对科研工作从事不多的教师来说，还不是很清楚课题申报的具体程序和步骤，因此需要及时了解这方面的相关知识。

　　职教教师申报科研项目前，首先要了解课题申报的基本类型和基本程序，然后根据类型和程序要求进行申报。课题申报一般分为两种情况：

　　一种是根据项目设立者的课题指南来申报，相当于是命题作文，所以理解和吃透项目申报指南的精髓非常关键；

　　另一种是自选课题向上申报，这类课题的数量比较多。项目发布者没有公布明确的课题指南，只是公布了一个选题的大致范围和要求，有些是职业院校内部自设项目，也有些是各级项目设立者发布征集的。

　　对外部资助（或自筹）课题的申请程序一般包括获取课题的申请信息、确定申报课题、填写项目申报书、提交项目申报书等 4 个环节。

1. 获取课题的申请信息

一般来说，课题主管部门会定期或不定期地通过下发纸质通知和发布网络通知的方式公布课题申请信息，现在可能以网络发布为主，所以有意向申报的教师要时常关注。一般来说，对于相同的项目，单位每年发布的时间都差不多，所以建议大家先去研究一下前两年发布的时间，然后根据其来判断今年可能发布的时间。

公布的课题申请信息主要包括课题申请指南、课题申请要求、课题申请表格等。课题申报者要关注和留意相关信息。一般职业院校的科研处、教务处或者教科研管理部门也会及时把这些信息转发到单位内部群里，若再错过，实属没有强烈意向的申报者。

教科研申报的时间一般都比较长，但有些科技类的科研项目申报时间只有一周，最少的两天也有，所以申报者必须有很好的积累才行。

获取科研项目申报信息的途径有 4 个：

（1）搜集政府部门官方网站的信息（省科技厅、省教育厅、省人社厅、省中华职业教育社、省社科联、省教育规划办等），从省厅级到区县级的都要关注，经常去访问一下，查看包括来源网站、发布日、链接、截止日等信息。这项工作的目的有两个：一是及时了解信息；二是鉴于每年项目申报时间都差不多，可以为明年的申报工作提前做计划。

（2）加入行业协会或者联盟，从协会或联盟处获取信息。同时可以联合申报项目，如与成人教育协会、高职高专教育联盟、技工教育研究会等社团机构合作申报项目。

（3）与科研管理部门相关人员建立良好关系，从而可以第一时间得到消息，及早准备。

（4）有的研究机构和智库机构可以在政府立项之前影响指南所指向的领域，这也是需要关注的一个方面。

2. 确定申报课题

申报者根据项目发布者发布的课题指南或者申报的大致要求设计相应的科研项目。申报者需要根据自己研究团队的专业结构、能力水平、已有研究基础等，选择某一适合的课题进行申报，也可以根据自己的研究积累和研究兴趣自选课题进行申报。从历年公布的立项项目来看，建议尽量从课题指南中选择相关的课题进行申报，这样的命中率相对自选课题要高一些。如何确定选题，这对于项目申报者来说，是非常重要的一个环节，也是决定项目申报能否成功的最重要的一个因素。在本书的第二章、第三章中已经做了专题介绍，请参阅这两章内容。

3. 填写项目申报书

如何高质量完成申请书的编制工作，显然对项目是否能够立项至关重要，因为专家评审评的就是这部分内容。

课题申报书包含课题名称、课题研究可行性论证、已有研究基础等内容。课题申报书的写作要做到逻辑严密、思路清晰、方法独特，能够说服课题评审专家，让他们认为申请人完全有能力完成这一课题。

课题申报表的填写有两种方式。一种是直接在纸上填写，最后提交；另一种是先在网上填写、提交，然后下载填写表格，打印后提交。

申报书的编制是本书的重点内容，本书的其他章节内容也都是围绕如何编制一份高质量的申报书来展开的，请大家务必认真钻研，编制出一份高质量的申报书。

4. 提交项目申报书

提交课题申报书的途径有两种：一是通过邮递的方式把纸质申报书送达课题管理机构；二是通过网络提交申报表。现在的课题申报大多通过课题管理机构提供的申请软件，在网上提交课题申报书，同时寄送纸质申报书。但正式提交申报书之前，还得认认真真地检查，包括字体、行距、装订、申报者资格、单位内部申报书及竞争性答辩等内容。

及时通过上述环节寄送或者网上提交，确认对方已经收妥，也是一项必要的工作，可有效避免对方根本没有在规定时间内收到科研项目申报书的情况。

第三节　把握课题申报的要求

在着手项目申报工作时，申报者应充分了解项目设立单位对申报课题的相关要求，这样才能少走弯路，为准确填写申报书打下良好的基础，也为成功申报项目提供必要的条件。

（一）认真研读相关管理规定和申报要求

项目设立者一般都会预先公布项目管理规定，如浙江省职业院校教师经常申报的几个教科研项目的负责单位，都有一个明确的管理规定。申请人在申报前需要了解这些管理规定，而有经验的科研工作者在申请前都会花时间去认真研读这些规定。

实例 9-6：现将经常申报的几个项目的管理规定列举如下。

（1）浙江省哲学社会科学发展规划领导小组印发的《浙江省哲学社会科学规划课题管理办法》。

（2）浙江省社会科学界联合会的《浙江省社会科学界联合会社科普及课题管理办法》。

（3）浙江省人力资源和社会保障厅、浙江省中华职业教育社印发的《浙江省中华职业教育科研项目管理办法（试行）》（本书附件1）。

（4）浙江省教育科学规划领导小组办公室的《浙江省教育科学规划课题管理办法》（本书附件2）。

（5）浙江省教育厅印发的《浙江省教育厅科学研究项目管理办法（暂行）》（本书附件3）。

另外，申请人填表前应仔细阅读有关申报须知、课题指南和填写说明的内容。准确把握这些内容，才可以达到事半功倍的效果。

1.仔细阅读申报须知

申报须知是项目设立者对发布的项目申请要求做到的事情，其重要性可想而知，建议申报人及时下载并多读几遍。申报须知是对整个课题申请过程中"必须"注意事项的说明。不注意这些事项，不遵循申报须知的要求，可能会导致申报不成功。

实例9-7：浙江省人力资源和社会保障厅官方网站发布的《关于开展 2020 年浙江人力资源和社会保障科研项目申报工作的通知》中对申报条件和时间都有明确的要求。

一、申报条件

申报者要严格按本通知要求制作申报材料，做到规范、准确、齐全。每位申报者只能主持申报一个项目，同一项目已被其他单位立项的不得多头申报；凡未按时完成上一年度立项项目的，不得申报 2020 年项目。

申报材料须推荐单位签字盖章，统一填写汇总表，以电子稿形式报省人力资源和社会保障科学研究院。推荐单位要认真审查申报材料，注意控制申报数量，提高申报质量。

二、申报材料

（1）个人填写：经推荐单位审查合格、同意推荐并盖章的《2020年浙江省人力资源和社会保障科研项目申报基本信息表》、《2020 年浙江省人力资源和社会保障科研项目申报活页》，其中盖章页以 pdf 扫描件形式提交。

（2）单位填写：《2020 年浙江省人力资源和社会保障科研项目申报汇总表》。

（3）申报所需材料请直接登录浙江省人力资源和社会保障网，在"公示公告"栏目查询并下载（网址：http://www.zjhrss.gov.cn）。

三、申报时间

申报时间为即日起至 4 月 30 日止，以电子邮件发送时间为准，逾期不予受理，请各单位按时汇总报送。

2. 多次研读课题指南

课题指南是指项目设立者希望申报者申报的项目范围或题目。虽然许多课题发布机构允许申报者自选课题，但从申报成功概率的角度看，从课题指南的范围内选报更易立项。像国家社科基金项目等一些重要的项目指南中都有明确的课题题目，课题指南表达了课题发布机构的需求，能够适应并满足其需求的申报当然更易被选中。因此，要认真研究课题指南，并尽量从中选择课题。即使所选课题与课题指南不一致，也应尽可能地贴近课题指南所指出的范围。自选的科研项目名称也必须符合总的项目申报范围，有些发布单位公布的课题指南仅是一个申报范围，申报者则可以据此自行设计。

实例 9-8：2020 年浙江人力资源和社会保障科研项目所公布的科研重点。

一、宏观综合类

要求深入理解党的十九大和十九届二中、三中、四中全会精神，认真落实省第十四次党代会和历次全会、省委经济工作会议以及全国人社工作会议部署要求，紧扣高水平全面建成小康社会的目标和任务，坚持新发展理念，围绕"八八战略"再深化、改革开放再出发，聚焦稳企业、增动能、补短板、保平安，全面做好"六稳"工作，积极应对新型冠状病毒肺炎疫情，统筹推进疫情防控和经济社会发展工作，围绕数字经济"一号工程"深入实施、"最多跑一次"改革理念方法运用、"一带一路"深入推进、长三角一体化高质量发展，做好"十四五"和现代化发展新谋划。通过对国内外形势的预测研判，立足浙江省经济社会发展情况，立足人力社保事业发展规律，准确把握风险点，寻求改革创新突破口，全面推进人社治理体系和治理能力现代化。深入剖析人社数字化转型、就业创业、社会保障、人事人才、人力资源服务、劳动关系协调等领域存在的主要问题及其根源，针对现行政策和阶段规划等重大战略问题提出优化和调整建议。要求申报者具备宏观分析视野、微观研究能力和科学决策意识，突出研究的全局性、前瞻性、科学性、实用性。

二、具体业务类

（一）就业创业

全力稳住就业大局，深化"放管服"改革，以创业为引领，以解决重点群体就业创业为抓手，紧密跟踪外部形势变化，深入开展就业创业趋势预测判断与政策完善落实研究。重点加强疫情对就业的影响和启示、企业复工复产举措对稳定就业的效果评估、中美经贸摩擦对就业影响、高新技术对就业的影响、就业结构性矛盾缓解、困难企业稳岗帮扶、高校毕业生就业创业引导、返乡入乡创业支持、困难群体就业帮扶、就业创业信息化动态管理、就业创业培训效果评价、失业预警与群体性失业风险防范、就业扶贫等研究并提出对策建议。

（二）人才人事（略）

（三）社会保障（略）

（四）劳动关系和信访维稳（略）

3.认真阅读填写说明

填写说明，是对课题申报者填写申报书注意事项的说明，一般比较详细、具体、明确地说明了填写时应该怎么操作，具有非常强的可操作性和指导性。填写说明也是在填写时必须遵循的事项，需要准确无误地掌握。

　　课题申报对申报者的资格、申报填写等有一些条件限制，必须加以注意。

　　（1）年龄限制。有些课题，特别是青年课题，对申报者的年龄有要求，必须是一定年龄段的人才有资格申报。比如，要求申报者须在 40 周岁以下。

　　（2）职称限制。有些课题对申报者的职称有要求。比如，重大课题、重点课题要求申报者须具有正高级职称。有些课题要求非高级职称的申报者申报时要有两名或以上具有正高级职称者写推荐信等。

　　职称限制的目的是设置一定的门槛，使申报者具备一定的申报资质，从而保证课题研究的质量。

　　（3）字数限制。有的课题对申报填写的字数没有限制，但大部分课题对申报填写的字数都有限制。字数限制，主要表现在两个方面：一是标题字数限制，二是论证字数限制。

　　标题字数限制。即限制标题的字数，以防止标题过长。不同课题对标题字数的限制不同，须严格按照要求来填写。一般规定，标题不得超过 15 个汉字或 20 个汉字。标题字数，包括副标题的字数。因此，能够不用副标题的，尽量不用。

　　论证字数限制。即在论证过程中，对论证文字数量的限制，这又分为两种情况。

　　一种情况是对整体的论证文字字数做出限制，对论证过程中每一部分的文字字数不做限制。比如，论证部分不超过 400 字。

　　另一种情况是对论证过程中每一部分文字都有明确的字数限制。比如，课题意义不超过 800 字，主要内容不超过 1000 字，参考文献不超过 400 字，等等。

　　限制论证字数是为了防止过于膨胀地论证，而且在一定程度上也可以看出申报者用有限的文字充分表达其思想观点的能力。

（4）日期限制。申报课题还要特别注意申报的开始与截止日期。

实例 9-9：某市重点课题指南第一条如下。

一、申报期限

从 3 月 13 日至 3 月 23 日上午 9:00—11:00 或下午 2:00—5:00 接受申报（节假日体息）。逾期不予受理。

申报日期未到，无法正常申报；超过申报日期，一般不予受理。因此，须在正常的申报期限内申报。为了应对中间可能出现的问题，如需要修改等，建议比截止日期提前一段时间申报，以留出缓冲或回旋的时间。如无特殊情况，请勿拖延到最后一天才开始申报或提交申报材料。

（5）信息限制。信息限制是指在"论证活页"或其他须匿名评审的材料上，不得出现包括作者的身份信息、作品的发表信息等相关信息。

身份信息限制，主要指不能泄露申请人及项目成员的姓名、工作单位、师承关系等信息。

作品的发表信息限制，主要指不能泄漏申请人及项目成员的作品的发表刊物、发表时间（期数）等信息。

信息限制是为了保证评审的客观公正，防止评审者从中获取申报者信息从而给予照顾或打压，防止不良评审结果的出现。

第四节　课题申报中的常见问题

职教教师在申报教科研项目时，存在各种各样的问题，现选择一些常见的问题说明如下。

1. 选题方面的问题

从目前职业院校教师申报的科研项目情况来看，一般申报的省、市级教科研课题都有相应的课题指南供申报者参考，同时也允许课题申报者根据课题指南，自主确定研究范围和自拟题目，并不是一刀切要按照申报指南来申报，但在设计题目时往往存在明显的瑕疵。

（1）课题选题不够新颖，问题导向不明，不符形势需要。要提出一个有新意的科研项目确实不太容易，普通教师最好结合日常教学中碰到的实际问题凝练课题。新颖的选题一般包括四类：一是尚无人涉足的研究领域或选题；二是学科前沿的理论探讨；三是针对老问题的新研究视角、新材料发掘或新技术、新方法的运用；四是国外新理论、新观点的引进与推广。

其中，第一类最具创新性，属于开辟新的研究领域或研究方向，甚至是创立新学科的研究项目，具有填补学术空白的价值，申报这样的课题，立项可能性最大。因此，在确立选题前应有针对性地查阅文献和查询以往立项信息，从而最大限度地避免重复研究。同时，通过文献查新和信息查询，还可以了解国内外相关研究领域的研究水平和现阶段的研究热点，这对于确定研究选题与研究方向是非常有价值的。这些选题较好地反映了学校教育教学管理的基本需求，但也存在一些问题。一是有些选题研究范围过宽，如"特色职教学校创建研究""创建双高视野下现代课堂和有效教学模式的深化研究"等。这些选题都比较空泛。

二是选题研究范围过窄，只是研究教科研中一个非常微观的问题，不具有通用性，也不适合申报省、市级教科研项目。

三是科研选题表述不规范。如"培育职校文化特质，推动职校发展的研究"，中间用逗号进行分隔和停顿，弱化了题目的整体性；"基于中职课堂观察的教学导引"，这一题目仅仅是一个短语，不完整。

（2）申报前期准备工作方面的问题。很多职教教师在申报科研课题前的准备工作方面的主要问题是前期准备不足。其实，项目设立单位的申报教科研项目的时间是有规可循的，通常每年度组织一次。市级课题申报组织时间为每年的6—7月，省级课题申报组织时间为每年的10—11月。但是每次课题申报的组织时间为半个月至1个月，再加上各级科研管理部门转发文件的时间，实际上留给课题申报者的准备时间非常有限。因此，课题申报者如果不提前准备，就会很紧张，疲于应付，至终也写不出一份高质量的申报书。

一些职教教师是在看到课题申报通知后才开始思考自己想做和可以做的课题，确定选题后，匆忙收集资料，撰写课题申报书，最后提交申报材料。因为准备匆忙，难以深入思考选题的价值和意义，难以判断选题是否符合申报指南的需要，难以全面学习掌握相关文献，难以及时梳理前期经验和成果，难以发挥课题组团队协同的作用，也难以对研究选题及研究方案进行科学性和可行性论证。

（3）选题太大或者太小。选题太大，涵盖内容太多，或时间跨度太大，评审专家会感觉职教教师在研究无法驾驭的课题；选题太小，涵盖内容太少；范围太小且缺乏特色和深度，容易被同类课题所包含。这些情况下，评审专家都不会给高分。

（4）其他问题。还有常见的问题有：选题指向不明；选题缺少理论嵌入、地域嵌入、领域嵌入，不能体现申报者的比较优势；选题缺少前期成果支撑；等等。

2. 研究现状方面的问题

（1）对研究项目的国内外研究现状几乎没有述评。对研究现状缺少综、梳、述、评，只是简单罗列文献，缺少观点梳理；对重要学术流派和观点把握不到位、不全面；对与本项目研究课题相关的国内外研究成果缺乏全面准确深入和简明扼要的梳理与总结。

（2）研究现状述评不对题、不全面。不是述评前人的研究状况，而是介绍有关名词概念；述评前人研究状况时过于笼统，没有实质性内容，或仅罗列了某些书，没有阐述申请者本人的观点与前人的观点有何不同，从而体现其研究的重要性。

（3）文字不够准确、精练，表述不够清楚、明白。最重要的或比较好的做法是对国内外同领域中的代表作都要提及，对其观点都要述评。学术研究主要包括学术积累与学术创新。要进行学术创新，做好学术积累工作是基础。所谓学术积累，就是要把握本课题在国内外学术界研究的最新进展和所达到的水平，要对相关的研究成果及其得失进行全面、准确、深入、具体和简明的梳理、总结及评价。只有这样，才能使课题论证达到高于国内外学术界所研究的水平，也说明申请者确实下了一番功夫。申请者的课题论证报告如果低于国内外学术界研究所达到的学术水平，那么申请项目被淘汰的可能性就很大。其中，全面，表现为全面掌握国内外学术界研究的概况、进展和水平，对具有代表性的成果有所了解，即了解"谁在研究—研究什么—怎样研究—何种成果—研究得失"；准确，表现为评价符合事实，恰如其分；深入，表现为能抓住问题的症结和实质；具体，表现为提供的信息（如数字、论著等）比较具体；简明，表现为表述具有概括性、简洁性和明晰性。

3. 课题组成员方面的问题

（1）课题组成员结构层次不合理。课题组成员的材料是衡量课题组成员能否完成课题任务的标准之一。曾有过这种情况，课题组只有申报者一个人，或者成员水平不高而被拿掉。

为什么对课题组成员这样重视？因为当前的课题研究基本是集体研究的，一个人或两三个人是很难研究出精品的。只有大家合作、互相讨论，发挥集体智慧才能出精品。例如，我们组织过几位职业院校教务处人员研究符合我国国情的高职院校教务管理理论。经过初步合作讨论，大家都觉得收获很大。我们曾经碰到过这种情况：课题项目论证得非常好，但因课题组成员仅一两个人被否决了。

人数太多或人数太少的，合作单位超过 3 个、甚至达到 6 个的，地域分布太广的，现实中都不易集中共同研究问题。应用研究缺少管理部门、实践部门人员参与的项目，也很难获批。

（2）有些成员的研究成果与课题不相关，不能支撑课题研究。有些申请者为了增加项目研究者的分量，把一些其他领域的研究者也写到团队中，但反映的成果和本项目研究关联性不大，反而会起到反作用。

（3）课题组成员的构成不合理。课题组成员的构成是否合理是衡量课题组综合研究实力，确认课题组能否顺利完成课题研究任务和能否产出高质量研究成果的重要指标。项目负责人确认课题组成员时要注意以下两点：第一，涉及研究实际问题的课题，成员中除理论工作者外，还应包括一些实际部门的工作人员，这样便于调查；第二，涉及研究基础理论的课题，成员中应有在这方面造诣较高的教授，还要有从事该领域理论研究的具有博士学位的青年学者。

　　课题组成员的构成最好是老中青三者结合，同时应注意满足以下条件：①学历高，职称高；②在某一问题上有研究、有影响；③结构（学科结构、知识结构、部门结构，理论工作者、决策工作者、实践工作者）合理。但应注意，教育部青年项目课题组成员的年龄不得超过35周岁。

附　录

附件1 浙江省中华职业教育科研项目管理办法（试行，2020年1月）

浙江省人力资源和社会保障厅、浙江省中华职业教育社

第一章 总 则

第一条 为进一步弘扬黄炎培职业教育思想，提升我省中华职业教育科学研究科学化、规范化水平，推动中华职业教育科研项目顺利进行，促进我省职业教育科学事业繁荣与发展，特制定本办法。

第二条 中华职业教育科研项目必须坚持把握正确的政治方向，遵循党和国家的教育方针，解决职业教育教学中遇到的实际问题，促进我省职业教育事业的全面发展。项目的研究目标和内容必须明确具体、思路清晰、研究方法科学、研究成效显著。

第三条 主要资助方向为黄炎培职教思想和工匠精神、产教融合和生产现场管理、职教就业创业、温暖工程等。立项对象主要为职业教育工作者、行业协会、关心职业教育的企业等相关研究人员。

第四条 为提升我省职业教育研究成果的影响力，中华职业教育科研项目将由省人力资源和社会保障厅、省中华职业教育社联合设立，科研管理的实施工作由省中华职业教育社负责。省中华职业教育社宣传教育委员会负责项目的立项管理、过程管控、结题验收以及绩效评价等工作。

第二章　项目的分类

第五条　中华职业教育科研项目，根据研究方向分为四类：黄炎培职教思想和工匠精神研究（A 类项目）、产教融合和生产现场管理研究（B 类项目）、职教就业创业研究（C 类项目）、温暖工程研究（D 类项目）等。

第六条　中华职业教育科研项目各类研究项目，研究周期一般为 2 年，延期最多不超过 3 年。研究周期从项目立项通知公布之日起计算。

第三章　项目的申报

第七条　申请条件

申请人应具有良好的政治思想素质和职业道德，申请人必须实际主持项目的研究工作，并在研究工作中承担实质性任务。

所申请的项目应具有一定的创新性，研究目标明确，研究内容具体，研究方法和技术路线可行，符合我省经济社会发展和职业教育改革发展的需要并已有一定的研究基础和工作条件；经费预算合理。

申请人已在承担浙江省中华职业教育科研项目，或三年来立项后未按期完成研究任务，或不执行有关部门和所属单位科研管理规定的不予立项。

第八条　申请人不得同时申报两项及以上项目，已在其他同级及以上立项的均不得申报。

第九条　有被浙江省中华职业教育社撤项的项目申报人自撤项之日起两年内不得申报。

第十条　申请程序

1. 每年年底前发布次年的项目申报要求。

2. 各职业院校、社会职教机构、社团组织、企业等相关机构组织申报工作，申请人填报《浙江省中华职业教育科研项目申请书》（附件 1，略），申请单位以适当方式审核并签署意见，并录入浙江省中华职业教育科研项目管理系统，根据当年申报要求将有关材料报浙江省中华职业教育社宣传教育委员会。

第四章　项目立项

第十一条　中华职业教育科研项目的立项分初审、专家网评和领导审批三个步骤。省中华职业教育社宣传教育委员会对所报项目汇总、分类后，进行初审，对不符合申报范围要求及手续不全的项目不予受理，并通知申报单位（个人）。通过初审的项目进入专家网评，根据网评成绩初步确定立项建议名单，报省中华职业教育社审批，经公示后正式发布。

第十二条　中华职业教育科研项目立项后，以文件形式通知申请人及所在单位。

第五章　项目实施

第十三条　中华职业教育科研项目下达后，项目负责人应按规定期限开展研究工作。凡调整研究内容、延长研究期限、中止研究计划等，项目负责人须及时提交申请报告，经所在单位的科研相关部门审查并签署意见后，报省中华职业教育社宣传教育委员会批准备案。

第十四条　申报单位科研相关部门负责项目的日常管理工作，协调解决项目实施过程中存在的问题。在项目实施过程中，应保持项目负责人及研究队伍的相对稳定。如项目负责人因工作调动、健康原因或出国进修1年以上等原因不能如期完成研究任务，须办理项目负责人更换手续或中止研究，由所在单位报省中华职业教育社宣传教育委员会批准。

第十五条　省中华职业教育社以适当的方式对项目的进展情况进行

检查，对于不具备按原计划完成研究任务的条件和能力的项目，或一直不开展研究工作的项目，省中华职业教育社可作出中止或撤销该项目的处理。项目实施过程中，项目负责人须填报《浙江省中华职业教育科研项目进展情况表》，经所在单位科研管理部门（或相关部门）签署意见后，于每年 12 月底报送省中华职业教育社宣传教育委员会。

第十六条　为确保项目研究质量，对存在以下情况的项目进行撤项处理：

1. 政治方向不正确；

2. 超出规定的研究周期；

3. 存在较严重的学术失范行为；

4. 存在权属问题且不能解决；

5. 以项目名义谋取不当利益；

6. 以项目名义造成不良社会影响；

7. 项目存在其他违反管理办法规定的行为。

第六章　绩效评价与结题验收

第十七条　项目完成后必须进行绩效评价和结题验收。绩效评价和结题验收合并进行。对于符合国家和浙江省有关成果鉴定办法、评审办法规定的成果，可向省中华职业教育社宣传教育委员会申请该项目的成果鉴定或评审；不符合鉴定或评审范围的项目，须提交《浙江省中华职业教育科研项目结题申请表》（附件 2，略），报省中华职业教育社审批结题。涉及政治、民族、宗教、军事等敏感问题和其他重大舆情相关的研究成果，须先鉴定、领取结题证书后再出版或发表。

结题验收的结果分为四种等级：优、良、合格、不合格。结题验收的结果视同为该项目的绩效评价结果。

　　第十八条　项目主要研究内容在公开刊物上发表 1 篇及以上论文、或在由省中华职业教育社结集公开出版的研究成果集上发表两篇及以上论文的科研项目可免于鉴定。发表的论文以出刊为准，且须在发表刊物中注明 "项目来源和项目批准号" 等信息，项目负责人至少有一篇论文为第一作者。获得设区市政府、教育行政部门或科研管理部门二等奖及以上，省政府、省教育行政部门或科研管理部门三等奖及以上，或被省中华职业教育社和厅级以上行政部门采纳的成果可免于鉴定。

　　第十九条　免于鉴定的项目须提供相关符合条件的原件或加盖基层科研管理部门审核公章的复印件一份，在省中华职业教育社宣传教育委员会备案后办理结题手续。

　　第二十条　项目鉴定采取会议鉴定和通讯鉴定两种方式。成果鉴定组原则上由五位专家组成，超过五位时须呈单数。鉴定专家须具有高级专业技术职务，作风正派，有较高学术水平。项目成果申报人为企业人员的，所在单位的专家原则上不能参加鉴定。项目所在单位组织的鉴定，聘请的校外专家数原则上不得少于鉴定组总人数的 40%。

　　第二十一条　采取通讯鉴定方式的，鉴定专家分别给出个人书面鉴定意见、分项评定成果等级、给出能否通过项目鉴定的明确意见。鉴定组织单位根据 4/5 鉴定专家的意见确定课题是否通过鉴定。采取会议鉴定方式的，由鉴定组专家集体评议，鉴定组将集体形成的综合性鉴定意见、成果等级评定和能否通过项目鉴定的明确意见报鉴定组织单位，经省中华职业教育社宣传教育委员会审核后确定成果是否通过鉴定。

第七章　项目的经费

　　第二十二条　中华职业教育科研项目的研究经费，根据项目完成的情况采用后补助的办法，对项目结题评价评为 "优" 的项目，给予一定的经费补助，其他等级的项目研究经费，由项目负责人所在单位自行解决。有经费资助的项目，项目承担单位应予相应的配套经费支持。

第八章　项目的评奖

第二十三条　省中华职业教育社每两年进行一次浙江省中华职业教育科研项目优秀成果奖的评选，候选成果在已结题的项目成果中产生，由各申报单位或其科研管理部门限额推荐。

第二十四条　获奖成果经公示后由省中华职业教育社会同相关职能部门公布并颁发证书。

第九章　项目成果的使用与推广

第二十五条　省中华职业教育社有权保留报送项目成果的原件、复印件、摘要和电子版，在注明权属的情况下公布项目研究成果的全部或部分内容，在注明权属的情况下项目成果供他人查阅和借阅。

第二十六条　省中华职业教育社有权推广项目的研究成果，在注明权属的情况下通过内部报告、学术会议、报刊书籍、大众媒体、专门网站等形式对项目研究成果进行宣传、试验和推广。

第十章　附　则

第二十七条　本办法自公布之日起实施，解释权属省中华职业教育社宣传教育委员会。

附件：1.浙江省中华职业教育科研项目申请书（略）

　　　　2.浙江省中华职业教育科研项目结题申请表（略）

附件 2　浙江省教育科学规划课题管理办法
（2018 年 10 月修订）

第一章　总　则

第一条　为进一步加强和完善教育科学研究管理，规范浙江省教育科学规划各类课题，提高教育科学研究水平，促进我省教育科学事业的繁荣与发展，特制定本办法。

第二条　浙江省教育科学规划课题必须坚持把握正确的政治方向，遵循党和国家的教育方针，解决教育教学中遇到的实际问题，促进浙江省教育事业的全面发展。课题的研究目标和内容明确具体，研究思路清晰，研究方法科学，研究结果富有成效。

第二章　课题的分类

第三条　浙江省教育科学规划课题，根据课题的重要性和研究范围，分为浙江省教育科学规划重点课题（简称"省重点课题"，编号序列为 SB）、浙江省教育科学规划一般课题（简称"省规划课题"，编号序列为 SC，其中高校省规划课题编号序列为 SCG）和仅限中小学申报的浙江省体育卫生艺术专项课题（简称"体卫艺课题"，编号序列为 STWY）。

第四条　省重点课题指在规划课题研究基础上需要继续深入研究

的，有重大理论和应用价值的课题，研究周期一般为三年，至多不超过四年。

第五条 省规划课题和专项课题指教育教学具体领域的课题，研究周期一般为两年，至多不超过三年。

第六条 以上研究周期从课题立项通知公布之日起计算。

第七条 根据我省教育事业发展需要，浙江省教育科学规划领导小组办公室将不定期设立重大课题和其他专项课题。新增课题另行编号，专项课题与一般课题同级别。

第三章　课题的申报

第八条 浙江省教育科学规划课题每年申报一次，具体申报流程为：个人申报——基层管理单位限额审核推荐（省直单位依据指标数直接向省教科规划办申报）——省教育科学规划办启动立项评审——公示拟立项名单——公布立项名单。

第九条 课题申报人必须实际主持课题的研究工作，并在研究工作中承担实质性任务。

第十条 课题申报人不得同时申报两项及以上课题，不得通过不同渠道申报同一内容课题。

第十一条 已有浙江省教育科学规划在研课题或同一研究内容已在省级及以上立项的均不得申报。

第十二条 有被浙江省教育科学规划办撤项的课题申报人自撤项之年起两年内不得申报。

第四章　课题的分级管理

第十三条 课题负责人需实际参与课题研究，并确保课题研究的开展符合法律法规和学术规范要求；课题负责人有管理、约束课题组成员的义务；课题负责人需对与课题有关的活动全面负责。

第十四条　基层课题管理部门要定期对所在或所辖部门的省教科规划课题开展检查、监督和指导，可以通过自查、抽查、交叉检查等方式确保课题开展的有序性和规范性。对存在问题的课题及时上报、处理。

第十五条　省教科规划办对拟立项的课题进行公示后公布，对在研课题履行检查、监督和指导职责，对需要变更、撤项的课题审核处理，对符合结题要求的课题办理结题手续并颁发结题证书。

第五章　课题的变更、延期与撤项

第十六条　课题原则上需按照课题申报方案开展课题研究，在研究过程中确需对课题负责人、课题名称、课题负责人单位和管理单位等信息进行变更的，需由原课题负责人提出并填写"重要事项变更申请表"，相关人员签字、单位盖章并报送基层课题管理部门同意，省教科规划办审核通过后，方可变更。

第十七条　重点课题研究周期三年，一般规划课题（含专项）研究周期两年。课题根据研究进展可提前结题。确因研究进展需要延期的，课题负责人须在原定研究周期截止前半年向课题结题管理部门申请延期手续，并报浙江省教育科学规划领导小组办公室备案。重点课题研究周期至多不得超过四年，一般规划课题（含专项）研究周期至多不得超过三年。课题不能因办理过变更手续而延长研究周期，未能按时结题的课题予以撤项处理。

第十八条　为确保课题研究质量，浙江省教科规划办对存在以下情况的课题进行撤项处理：

1. 课题政治方向不正确；

2. 超出课题规定的研究周期；

3. 课题存在较严重的学术失范行为；

4. 课题存在权属问题且不能解决；

5. 以课题名义谋取不当利益；

6. 以课题名义造成不良社会影响；

7. 课题存在其他违反管理办法规定的行为。

第六章　课题的结题

第十九条　列入浙江省教育科学规划的所有课题按期完成后，原则上最终成果均须进行鉴定，通过鉴定后予以验收结题。凡涉及政治、民族、宗教、军事等敏感问题和其他重大舆情相关的研究成果，须先鉴定、领取结题证书后再出版或发表。

第二十条　课题主要研究内容在全国中文核心期刊上发表 1 篇及以上论文的重点课题或在省级以上公开刊物上发表 1 篇及以上论文的一般规划（含专项）课题可免于鉴定。发表的论文以出刊为准，且须在发表刊物中注明 "课题类别＋课题名称＋课题批准号"，课题负责人至少有一篇论文为第一作者或通讯作者。获得设区市政府、教育行政部门或科研管理部门二等奖及以上，省政府、省教育行政部门或科研管理部门三等奖及以上，或被省教育科学规划办和厅级以上行政部门采纳的成果可免于鉴定。

第二十一条　免于鉴定的课题须提供相关符合条件的原件或加盖基层科研管理部门审核公章的复印件一份，在浙江省教育科学规划领导小组办公室备案后办理结题手续。

第二十二条　课题鉴定采取会议鉴定和通讯鉴定两种方式。成果鉴定组原则上由五位专家组成，超过五位时须呈单数。鉴定专家须具有高级专业技术职务，作风正派，有较高学术水平。课题成果申报人所在单位（高校以二级院系或行政处室为单位）的专家原则上不能参加鉴定。高校社科（科研）处组织的鉴定，聘请的校外专家数原则上不得少于鉴定组总人数的40%。

第二十三条 采取通讯鉴定方式的，鉴定专家分别给出个人书面鉴定意见、分项评定成果等级、给出能否通过课题鉴定的明确意见。鉴定组织单位根据4/5鉴定专家的意见确定课题是否通过鉴定。采取会议鉴定方式的，由鉴定组专家集体评议，鉴定组将集体形成的综合性鉴定意见、成果等级评定和能否通过课题鉴定的明确意见报鉴定组织单位，经省教科规划办审核后确定成果是否通过鉴定。

第二十四条 编号为 SC 和 STWY 系列课题的结题要求可由地市教科规划办根据地区特点自行制定结题要求，报省教科规划办审批备案后遵照执行。

第七章　课题的经费

第二十五条 浙江省教育科学规划领导小组办公室立项课题的研究经费，原则上由课题负责人所在单位自行解决。如有经费资助情况，按经费管理办法执行。

第八章　课题的评奖

第二十六条 浙江省教育科学规划领导小组办公室每年进行一次浙江省教育科学规划课题的优秀成果奖的评选，候选成果在省级及以上教科规划系列已结题的成果中产生，由基层科研管理单位限额推荐。

第二十七条 获奖成果经公示后由省教科规划办公布并颁发证书。

第九章　课题的使用与推广

第二十八条　省教科规划办有权保留报送课题成果的原件、复印件、摘要和电子版，在注明权属的情况下公布课题研究成果的全部或部分内容，在注明权属的情况下课题成果供他人查阅和借阅。

第二十九条　省教科规划办有权推广课题的研究成果，在注明权属的情况下通过内部报告、学术会议、报刊书籍、大众媒体、专门网站等形式对课题研究成果进行宣传、试验和推广。

第十章　附　则

第三十条　本办法自公布之日起实施，解释权属浙江省教育科学规划领导小组办公室。

2018 年 10 月 31 日

附件 3　浙江省教育厅科学研究项目管理办法（暂行）

第一章　总　则

第一条　为了进一步加强和完善对浙江省教育厅科学研究项目（以下简称教育厅项目）的管理，提高管理的科学化、规范化，保证科研项目的顺利进行，促进高校的学科建设和人才培养，更好地为我省经济建设和社会发展服务，特制定本办法。

第二条　教育厅项目面向全省普通高等学校。项目分 A、B、C 三类下达，其中 A 类为重点项目，B 类为一般项目，C 类为自筹经费项目。A 类和 B 类项目只面向省属普通高校（包括浙江大学），C 类项目主要支持省属普通高校（包括高职院校）。

第三条　重点项目主要资助重点学科、重点实验室、工程技术研究中心及博士、硕士点的科研骨干；一般项目主要支持副教授（或相应职称）及以下专业技术职务的教师。

第四条　浙江省教育厅高校科研师资处是省教育厅高校科技管理工作的职能部门，负责教育厅项目的管理，包括课题立项、进度检查和总结验收。

第二章　项目申请

第五条　教育厅项目的申请范围包括自然科学、工程技术、医学科学、农业科学和人文社会科学等学科领域。基础研究、应用研究、试验发展、推广应用和科技服务等类型的项目均可申请。

第六条　教育厅项目的研究期限一般为二至三年。

第七条　申请条件：

1. 申请人应具有良好的政治思想素质和职业道德，在依托单位的聘任期须覆盖所申请项目的研究执行期。重点项目的申请人一般应具有高级专业技术职务；为鼓励有高级专业技术职务的教师和科研人员争取国家和省部级科研项目，一般项目原则上不接受正高级职务人员的申请。项目研究人员一般应组成课题组，具有合理的梯队，项目申请人须是该项目的组织者和指导者，并在项目中承担实质性的任务。

2. 申请项目须学术思想新颖，创新性强，研究目标明确，研究内容具体，研究方法和技术路线先进可行，符合我省社会经济发展和学科建设的需要；已有一定的研究基础和工作条件；经费预算合理。

3. 申请人已在承担教育厅项目，或三年来立项（包括各渠道项目）后未按期完成研究任务，或不执行有关部门和学校科研管理规定的不予立项。为保证国家和省部级科研项目按期顺利完成，对正承担这类项目的负责人一般不再立项。

第八条　申请程序：

1. 省教育厅每年二月底前向全省普通高校发布本年度的项目申报要求。

2. 各高校组织申报工作，项目申请人填报《浙江省教育厅科学研究项目申请书》，学校以适当方式审核并签署意见，并录入浙江省教育厅科研项目管理系统，于四月底前将有关材料报省教育厅。

第三章　项目立项

第九条　教育厅项目的评审分形式审查、专家咨询和领导审批三个步骤。省教育厅高校科研师资处对所报项目汇总、分类后,进行形式审查,对不符合申报要求及手续不全的项目不予受理,并通知申报单位。一般项目采取学校推荐与专家咨询相结合的方式审核;重点项目采取会议评审或通信评审的方式审核。厅科研师资处提出具体立项意见后,报厅领导审批。

第十条　教育厅项目立项后,以文件形式通知申请人所在学校。

第四章　项目实施

第十一条　教育厅项目下达后,项目负责人应尽快按《浙江省教育厅高等学校科学研究项目申请书》的研究内容开展工作。凡调整研究内容、延长研究期限、中止研究计划等,项目负责人须及时提交申请报告,经所在学校科研管理部门审查并签署意见后,报省教育厅批准。

第十二条　高校科研管理部门负责项目的日常管理工作,协调解决项目实施过程中存在的问题。在项目实施过程中,应保持项目负责人及研究队伍的相对稳定。如项目负责人因工作调动、健康原因或出国进修1年以上等原因不能如期完成研究任务,须办理项目负责人更换手续或中止研究,由学校报教育厅批准。

第十三条　省教育厅以适当的方式对项目的进展情况进行检查,对于不具备按原计划完成研究任务的条件和能力的项目,或一直不开展研究工作的项目,省教育厅可作出中止或撤销该项目的处理。项目实施过程中,项目负责人须填报《浙江省教育厅科研项目进展情况表》,经学校科研管理部门签署意见后,于每年12月底报送省教育厅。

第五章　经费管理

第十四条　项目经费下拨给学校后，学校应按项目单独立账、专款专用。在学校财务部门和科研管理部门的管理监督下，项目负责人按有关规定自主支配使用，任何单位、个人不得随意截留或挪用。

第十五条　项目经费的主要开支范围：

1. 科研业务费：测试、计算、分析费，国内调研和学术会议费，业务资料费，论文印刷费等；

2. 实验、材料费：原材料、试剂、药品、消耗品购置费，实验动植物的购置、种植、养殖费，标本、样品的采集加工费和包装运输费等；

3. 仪器设备、图书资料费：专用仪器设备购置、运输、安装费，自制专用仪器的材料、配件购置费和加工费，与项目有关的图书资料费等；

4. 相关经费：除以上费用外，确因科研项目需要支出的其他经费。

项目经费不能用于出国、出境合作交流，办公室（实验室）装修，购买交通工具等。

第十六条　已中止实施和撤销的研究项目，省教育厅停止拨款。已拨经费经学校科研管理部门审核后，余额上交省教育厅。

第十七条　省教育厅资助项目原则上不追加科研经费。项目实施有重大发现，需进一步扩大和深入研究的，由项目负责人和承担单位提出书面申请，经教育厅核实论证后方可追加。

第十八条　项目经验收合格后，省教育厅委托学校科研管理部门或审计部门对项目经费使用情况进行审查，结余经费按学校管理规定办理。

第六章　结项验收

第十九条　项目完成后必须结题。对于符合国家和浙江省有关成果鉴定办法、评审办法规定的成果，可向省教育厅申请该项目的成果鉴定或评审；不符合鉴定或评审范围的项目，须提交《浙江省教育厅科研项目结题报告》，报省教育厅审批结题。

第二十条　自然科学、工程与技术科学研究项目的科研成果为：

1. 阐明自然现象、特征、规律及其内在联系，学术上有新见解，对学科建设和科技发展有指导意义的理论成果，最终成果形式为国内外公开发表的学术论文、公开出版的专著和原理性的试验装置及模型等；

2. 解决生产建设中的科学技术问题，具有先进性和实用性的新产品、新技术、新工艺、新材料、新设计和生物、矿产新品种等。

第二十一条　人文、社会科学研究项目的最终成果形式必须为：确有学术价值和应用价值的调研及咨询报告、国内外公开发表的学术论文、公开出版的专著、研究报告等。

第二十二条　教育厅项目产生的有关论文、专著、成果评议、鉴定资料等，均应标注"浙江省教育厅科研项目"，英译写法统一为"A Project Supported by Scientific Research Fund of Zhejiang Provincial Education Department"。未标注的，不作为验收依据。

第二十三条　省教育厅将加强验收管理制度，组织有关专家对结题的项目进行总体评议，评议结果将与下年度科研项目的安排直接挂钩。对于项目完成水平低，达不到申请书规定的指标，项目结题报告不认真等其他一些经验收成绩较差的项目承担单位和项目负责人，采取减少资助和限制申请的措施。

第七章　附　则

第二十四条　本办法由浙江省教育厅高校科研师资处负责解释。

第二十五条　省高校重大攻关项目和其他专项任务项目参照此办法管理。

第二十六条　本办法自下发之日起实施。

附件4 浙江省中华职业教育科研项目2020年立项课题名单（共285项）

立项编号	课题名称	负责人	主持单位
ZJCV2020A01	电商企业组织氛围对高职实习生工匠精神影响的实证研究	邹玉金	浙江经贸职业技术学院
ZJCV2020A02	黄炎培职教思想视域下高职院校工匠精神培养策略研究	徐 天	衢州职业技术学院
ZJCV2020A03	基于黄炎培职教思想的中日职教教师工匠精神比较研究	叶朱枫	宁波幼儿师范高等专科学校
ZJCV2020A04	黄炎培工匠精神引领课程开发实践——以"助产知识拓展"为例	杨 晶	宁波卫生职业技术学院
ZJCV2020A05	黄炎培职教思想视域下现代学徒制工匠精神的培育路径	曾 瑜	浙江同济科技职业学院
ZJCV2020A06	黄炎培职教思想视域下的高职学生工匠精神培养路径研究	李 蕾	浙江长征职业技术学院
ZJCV2020A07	智能时代设计专业人才"工匠"品质培育 ——黄炎培职教思想新探	李红玉	宁波幼儿师范高等专科学校
ZJCV2020A08	新时代高职学生工匠精神培育及评价研究	孙连栋	浙江同济科技职业学院
ZJCV2020A09	现代职业教育视野下的黄炎培"工匠精神"思想研究	王晓游	浙江交通职业技术学院
ZJCV2020A10	黄炎培职教思想指导下残疾大学生"工匠精神"培育研究	张 帆	浙江特殊教育职业学院
ZJCV2020A11	依托浙江文化涵养高职院校学生工匠精神研究	柴 畅	浙江长征职业技术学院

立项编号	课题名称	负责人	主持单位
ZJCV2020A12	基于工匠精神培育的高职学生"六位协同"机制研究	林清辉	台州职业技术学院
ZJCV2020A13	基于黄炎培职业教育思想的工匠核心素养模型构建研究	王雁茹	宁波幼儿师范高等专科学校
ZJCV2020A14	高职涉旅专业学生工匠精神培育研究	何淑明	义乌工商职业技术学院
ZJCV2020A15	新时代工匠精神视域下高职建筑装饰类专业人才培养研究	赵志文	杭州科技职业技术学院
ZJCV2020A16	高职院校工匠精神培养探索——黄炎培职业教育思想的启示	赵　凌	浙江同济科技职业学院
ZJCV2020A17	基于"工匠精神"的高职院校三创人才培养研究	孙佳丽	杭州万向职业技术学院
ZJCV2020A18	高职院校学生工匠精神培育持续改进机制研究	王张夫	衢州职业技术学院
ZJCV2020A19	黄炎培职教思想在世赛成果转化中的传承与发展研究	张国华	浙江建设技师学院
ZJCV2020A20	现代学徒制背景下高职教育"工匠精神"的培育路径研究	周井娟	浙江工商职业技术学院
ZJCV2020A21	建筑新职业视角下行业工匠精神的传承、培育和发展	李建栋	绍兴职业技术学院
ZJCV2020A22	黄炎培职教思想对医药类高职工匠精神培养的继承与突破	陈　枫	浙江医药高等专科学校
ZJCV2020A23	高职学生工匠精神：文化传承与责任培养	李良庆	浙江广厦建设职业技术学院
ZJCV2020A24	现代学徒制下"工匠精神"培育研究——基于黄培炎职教思想启示	梁海红	浙江经贸职业技术学院
ZJCV2020A25	黄炎培职业人才教育观视域下高职人才培养模式创新研究	王慧仙	浙江东方职业技术学院
ZJCV2020A26	黄炎培职教思想指导下高职教育驱动中国精造的理论研究	钱懿安	嘉兴南洋职业技术学院
ZJCV2020A27	黄炎培职教思想引领下高职学生"工匠精神"培育实践研究	陈金玲	浙江机电职业技术学院

立项编号	课题名称	负责人	主持单位
ZJCV2020A28	"工匠精神"与"无业者有业、有业者乐业"的内在逻辑研究	王胜炳	绍兴职业技术学院
ZJCV2020A29	黄炎培"手脑并用"思想与商科职业教育工匠精神培育研究	章金萍	浙江金融职业学院
ZJCV2020A30	黄炎培职教思想与高职院校工匠精神培育研究	孙海梅	浙江纺织服装职业技术学院
ZJCV2020A31	黄炎培职教思想下高职制药类人才工匠精神的培养研究	王　博	浙江医药高等专科学校
ZJCV2020A32	基于AHP法的新时代劳模"工匠精神"价值评价体系研究	柳　春	杭州市工人业余大学
ZJCV2020A33	黄炎培职教思想下中职"工匠精神"培育有效性的分析	黄云飞	浙江信息工程学校
ZJCV2020A34	南宋菜资源挖掘下中职烹饪专业学生"工匠精神"的培育研究	孙惜时	杭州市中策职业学校
ZJCV2020A35	黄炎培职教思想视域下职业院校学生"工匠精神"培育研究	卢红华	杭州第一技师学院
ZJCV2020A36	基于黄炎培职教思想的技工院校技师培养模式研究	吴国献	浙江省机电技师学院
ZJCV2020A37	基于"匠心教师工作室"名优教师团队建设研究	楼江明	浙江省东阳市技术学校
ZJCV2020A38	课程思政中"工匠精神"的隐性教育研究	金　炜	金华职业技术学院
ZJCV2020A39	黄炎培职业道德教育思想视域下"工匠精神"培育途径研究	陈　孟	温州市城乡建设职工中等专业学校
ZJCV2020A40	工匠学院在"工匠精神"培育中的功能及运行路径研究	朱　炜	杭州第一技师学院
ZJCV2020A41	匠心筑梦：农村中职语文课堂"工匠精神"培育的实践研究	余丽霞	千岛湖中等职业学校
ZJCV2020A42	黄炎培职教思想视域下新时代"工匠精神"培育的实践研究	宣国强	浙江省诸暨技师学院

立项编号	课题名称	负责人	主持单位
ZJCV2020A43	中职匠心人才进阶式培育探究——以非遗传承"小热昏"为例	卢伟娣	杭州市中策职业学校
ZJCV2020A44	黄炎培职业教育思想视角下职工"工匠精神"的培养研究	姚 震	杭州市工人业余大学
ZJCV2020A45	职业学校"工匠精神"培育的路径创新研究	朱伟明	义乌市城镇职业技术学校
ZJCV2020A46	黄炎培职教思想与中职"工匠精神"培育的耦合研究	马海峰	海宁市教师进修学校
ZJCV2020A47	大师工作室：黄炎培职教思想视角下的中职生"工匠精神"培育路径探究	张秀兰	浦江县职业技术学校
ZJCV2020A48	黄炎培职业教育思想下农村中职生"工匠精神"的培育探索与研究——以遂昌职业中专为例	毛邱芽	遂昌县职业中等专业学校
ZJCV2020A49	黄炎培思想指导下基于工作坊的中职生职业素养提升研究	沈 诚	浙江信息工程学校
ZJCV2020A50	秉承黄炎培职教思想提升中职创客实践活动内涵的研究	叶 辉	金华市第一中等职业学校
ZJCV2020A51	"敬业乐群"思想视域下职业院校"工匠精神"培育研究	汪 峰	杭州技师学院
ZJCV2020A52	黄炎培"做学合一"思想对技工院校"工匠精神"的价值研究	张朝晖	浙江建设技师学院
ZJCV2020A53	黄炎培教育思想在"中国制造2025"职业人才培养中的继承与发展研究	白毓秀	浙江工贸技师学院
ZJCV2020A54	五双培育：产教融合下中职食品生"工匠精神"培育的实践研究	魏 冬	桐乡市卫生学校
ZJCV2020A55	"敬业乐群"的"工匠精神"对中职德育的启示	王艳岭	桐乡市卫生学校
ZJCV2020A56	中职生"工匠精神"培育的实践与创新	邵晓兵	兰溪市职业中等专业学校

立项编号	课题名称	负责人	主持单位
ZJCV2020A57	以"工匠精神"为内核的中职电气专业班级文化建设探索	万亮斌	杭州市中策职业学校
ZJCV2020B01	基于 AHP-FCE 模型的浙江省高职院校校企合作有效性研究	李方超	台州科技职业学院
ZJCV2020B02	依托地方优势产业的高职机械类专业产教融合探索与实践	王 胜	衢州职业技术学院
ZJCV2020B03	基于产教融合度提升的专业课程"品质网"建构研究	杨 灿	金华职业技术学院
ZJCV2020B04	5G 时代基于智慧学习工场的产教融合育人机制和实现路径	黄春燕	浙江商业职业技术学院
ZJCV2020B05	产教融合背景下生产性实训对职业核心能力影响测评研究	吴欣阳	台州科技职业学院
ZJCV2020B06	高职院校校企协同海外办学的质量保障体系研究	王 珊	浙江经贸职业技术学院
ZJCV2020B07	产教融合、资源共享的校企合作育人模式研究	高光照	温州科技职业学院
ZJCV2020B08	产教融合协同育人模式的物联网实训项目构建与实践	李清平	浙江育英职业技术学院
ZJCV2020B09	企业岗位技能需求模型构建与专业人才培养目标研究	陈平生	绍兴职业技术学院
ZJCV2020B10	基于"产教共同体"的建筑装饰专业三教改革研究	楼森宇	金华职业技术学院
ZJCV2020B11	2.0 时代高职产教融合微生态圈的构建——以服装工程创新中心项目为例	郭雪松	杭州职业技术学院
ZJCV2020B12	高职顶岗实习"三全协同"闭环管理体系研究	金智鹏	嘉兴职业技术学院
ZJCV2020B13	生产性实训对学生满意度的提升路径	陈 曦	台州科技职业学院
ZJCV2020B14	疫情启示下高职产教融合教学模式的重构——O2O 智慧模式的探索与应用	吴 哲	浙江商业职业技术学院

立项编号	课题名称	负责人	主持单位
ZJCV2020B15	产教融合背景下高职院校"五双合一"教学环境的构建和研究	柴美娟	浙江工商职业技术学院
ZJCV2020B16	基于需求分析的地方高职院校应用英语专业产教融合研究	黄　芳	衢州职业技术学院
ZJCV2020B17	基于合作博弈机电类专业产教融合长效机制探索与实践	蒋开伟	台州职业技术学院
ZJCV2020B18	产业学院:协同育人视角下高职产教融合机制及策略研究	申潇潇	浙江商业职业技术学院
ZJCV2020B19	基于产教融合的工业机器人技术特长生培养模式实践研究	王哲禄	温州职业技术学院
ZJCV2020B20	产教共融的电商实战项目资源库协同创新与运行机制研究	朱林婷	浙江商业职业技术学院
ZJCV2020B21	5G时代加强校企合作促进营销人才职业能力培养质量研究	周宏敏	浙江金融职业学院
ZJCV2020B22	基于"项目供应"的高职院校校企合作培训项目开发研究	王雪峰	浙江国际海运职业技术学院
ZJCV2020B23	PDCA法在现代学徒制顶岗实习管理中的运用	傅嬿霖	台州科技职业学院
ZJCV2020B24	新时代背景下高职院校产教融合协同育人的策略研究	兰叶深	衢州职业技术学院
ZJCV2020B25	现代学徒制模式下职业教育改革成效的评估方法研究	钱志芳	义乌工商职业技术学院
ZJCV2020B26	产教融合背景下高职装配式建筑人才协同培养机制研究	吴庆令	温州职业技术学院
ZJCV2020B27	校企文化融合视角下高职技术技能人才培养的创新与实践	季瑶娴	浙江商业职业技术学院
ZJCV2020B28	互联网背景下的高职艺术设计类专业产教融合新路径研究	黄汶俊	浙江育英职业技术学院
ZJCV2020B29	"双高建设"背景下高职院校产教融合协同育人模式研究	尤光辉	浙江机电职业技术学院
ZJCV2020B30	基于产教融合的高职课程微型教学资源设计与应用研究	周　静	浙江交通职业技术学院

立项编号	课题名称	负责人	主持单位
ZJCV2020B31	民航空中安全保卫专业人才培养链与产业链融合研究	蒋卓强	浙江警官职业学院
ZJCV2020B32	基于产教融合和双精准育人模式下产业学院的研究与实践	孔凤琴	浙江商业职业技术学院
ZJCV2020B33	产教融合视域下"师生匠"三元化课堂教学模式研究	潘骁宇	浙江交通职业技术学院
ZJCV2020B34	产教融合视域下高职会计专业"工匠精神"培育路径重构	甘　泉	浙江工业职业技术学院
ZJCV2020B35	产教融合背景下构建成果导向高职人才培养体系研究	汪婵婵	浙江安防职业技术学院
ZJCV2020B36	"双高建设"背景下构建产教融合教育评价体系研究	张军贤	台州职业技术学院
ZJCV2020B37	产教融合和生产现场学生工学权益保障研究	李　勃	浙江工贸职业技术学院
ZJCV2020B38	产教深度融合背景下高水平校内生产性实训地实践研究	宋　词	义乌工商职业技术学院
ZJCV2020B39	产教融合视域下高职智能财税"金课"建设路径研究	解媚霞	浙江经贸职业技术学院
ZJCV2020B40	产教融合内涵建设和实施方式——"双高计划"下的课程思政研究	梅鲁海	浙江机电职业技术学院
ZJCV2020B41	产教融合视域下职业教育集团化办学可持续发展研究	潘　燕	浙江建设职业技术学院
ZJCV2020B42	产教融合背景下双导师学徒制在实践教学中的创新研究	汪　洋	浙江工商职业技术学院
ZJCV2020B43	产教融合背景下高职会展专业递进式全真实训体系的构建	钱小轮	浙江经贸职业技术学院
ZJCV2020B44	产教融合背景下智慧生产性实训基地建设与管理研究	刘　勇	浙江同济科技职业学院
ZJCV2020B45	1+X证书制度融入专业人才培养方案的路径研究	刘　丽	浙江金融职业学院
ZJCV2020B46	产教融合型城市建设实施路径探析	徐丹阳	浙江工业职业技术学院

立项编号	课题名称	负责人	主持单位
ZJCV2020B47	产教融合背景下高职艺术设计专业实践教学改革研究	白艳维	宁波幼儿师范高等专科学校
ZJCV2020B48	现代学徒制下酒店管理专业产教融合的首旅南苑实践研究	周彩屏	金华职业技术学院
ZJCV2020B49	产教融合背景下众创空间的人才培养与校企联合管理研究	刘志农	杭州科技职业技术学院
ZJCV2020B50	疫情背景下高职院校与中小企业协同人才培养机制研究	李海涛	杭州职业技术学院
ZJCV2020B51	基于"校企室"三主体融合的高职模具专业人才培养模式研究	任建平	台州科技职业学院
ZJCV2020B52	产教融合视域下基于企业微课的高职 EOP 应用研究	吴坚豪	浙江经济职业技术学院
ZJCV2020B53	基于校园资源构建具有人文价值的产教融合新模式	余志强	浙江工商职业技术学院
ZJCV2020B54	产教融合下高职专业人才培养的可持续发展能力途径研究——以互联网金融专业为例	杨海燕	浙江商业职业技术学院
ZJCV2020B55	药品智造产教融合实训基地构建与思考	柯中炉	台州职业技术学院
ZJCV2020B56	基于产教融合的石化类专业现代学徒制人才培养模式研究	阮环阳	浙江国际海运职业技术学院
ZJCV2020B57	高水平高职院校深化产教融合的现实样态与路径选择研究	王玉龙	浙江金融职业学院
ZJCV2020B58	产教融合下房地产专业混合所有制实训基地的实践与探索	曹仪民	浙江建设职业技术学院
ZJCV2020B59	智能制造背景下深度产教融合项目优化研究与实践	汪荣青	浙江机电职业技术学院
ZJCV2020B60	基于产教融合的高职共建共享实训基地研究与实践——以艺术与设计学院为例	俞文斌	浙江纺织服装职业技术学院
ZJCV2020B61	区块链技术下产教融合新模式的实现——以机电专业为例	苗家明	浙江国际海运职业技术学院

立项编号	课题名称	负责人	主持单位
ZJCV2020B62	基于协同理论的高职教育产教融合机制及优化策略研究	张煜炯	浙江医药高等专科学校
ZJCV2020B63	校企共建工作室视角下设计师工匠精神的培养	吕　菱	浙江育英职业技术学院
ZJCV2020B64	民办高职院校深化产教融合体系构建研究	许敏华	浙江育英职业技术学院
ZJCV2020B65	产教融合背景下高职院校跨境电商人才培养模式探究——以Shopee平台为例	朱　峰	绍兴职业技术学院
ZJCV2020B66	依托混合所有制推进高职产教融合办学的创新路径研究	周利敏	浙江交通职业技术学院
ZJCV2020B67	基于胜任能力的物流班组长培训课程体系构建与实施	陈　艳	浙江交通职业技术学院
ZJCV2020B68	乡村振兴背景下的旅游管理专业产教融合研究	吴小川	浙江长征职业技术学院
ZJCV2020B69	产教深度融合"一核六融六跨界"模式构建与实践探索	高玉英	嘉兴南洋职业技术学院
ZJCV2020B70	"二元三维四阶梯"现代学徒制探索与实践	吕　琳	杭州职业技术学院
ZJCV2020B71	基于AICUM+的"生物药物分析""产教融合、理实一体"混合式教学研究	陈阳建	浙江医药高等专科学校
ZJCV2020B72	新时代产教融合视域下学徒制教育教学模式研究	马秀丽	湖州职业技术学院
ZJCV2020B73	产教融合背景下高职院校BIM实践基地建设路径与机制研究	刘　彬	浙江建设职业技术学院
ZJCV2020B74	乡村振兴战略背景下高职院校产教融合创新研究	田霖霞	浙江横店影视职业学院
ZJCV2020B75	基于产教融合背景下地方产业学院的建设研究	彭琼尹	浙江东方职业技术学院
ZJCV2020B76	"四融模式"：助推产教深度融合的永康样式	王钟宝	浙江省永康市职业技术学校

立项编号	课题名称	负责人	主持单位
ZJCV2020B77	武义畲茶文化与畲乡特色旅游产业发展融合研究	张紫娟	浙江科贸职业技术学院（筹）
ZJCV2020B78	校企共建、同育匠才——"锦华基地"产教融合人才培养模式的探索	黄仁发	宁海县技工学校
ZJCV2020B79	校企合作共同体培养"产学研训"应用型人才的实践研究	寿晓峰	浙江省诸暨技师学院
ZJCV2020B80	基于产教融合的中职学校人才链搭建项目设计与实践研究	程本福	杭州市临安区职业教育中心
ZJCV2020B81	跨学科专业产教融合双创型人才培育路径研究	李剑波	宁波第二技师学院
ZJCV2020B82	"政府 市场 高校"三动能打造电商双创基地的实践研究	任伟跃	义乌市国际商贸学校
ZJCV2020B83	基于产教深度融合的"企业课堂"实践研究	戴智敏	绍兴市职业教育教学研究室
ZJCV2020B84	提升市政养护班组市场竞争力策略研究	叶丽君	腾达建设集团股份有限公司
ZJCV2020B85	焊接世赛标准引领下的焊接高技能人才培养研究	裘红军	宁波技师学院
ZJCV2020B86	基于HSE理念的职业院校化工实训管理研究	王　珏	岱山县职业技术学校
ZJCV2020B87	电子商务界面设计师等级培训及评估系统	程新杰	杭州计算机学校
ZJCV2020B88	基于德国"双元制"人才培养的产教融合实施样态研究	龚跃明	浙江省平湖技师学院
ZJCV2020B89	校企协同创新背景下建筑工程资料员胜任模型构建	吴婷婷	杭州市筑才培训技能学校
ZJCV2020B90	产教融合视域下复合型高技能人才培养策略研究——以技师学院机电类技师培养为例	吴宏霞	杭州萧山技师学院
ZJCV2020B91	三维虚拟仿真技术在中职服装专业产教协同育人过程中的实践与探索	孙常胜	杭州市服装职业高级中学

立项编号	课题名称	负责人	主持单位
ZJCV2020B92	产教融合视域下基于现代学徒制的生产现场管理模式探索	张建平	绍兴市上虞区职业中等专业学校
ZJCV2020B93	产教融合背景下，钳工专业企业"新型学徒制"的实践研究	阮强志	长兴技师学院
ZJCV2020B94	中等卫校"产教融合"型老年护理院建设研究	吕大健	桐乡市卫生学校
ZJCV2020B95	中职电商专业"产学研合一"工作室教学模式创新研究	吴红梅	浙江省机电技师学院
ZJCV2020B96	非物质文化遗产视域下三门石窗产教融合互动模式研究	宋同顺	三门技师学院
ZJCV2020B97	产教融合视角下中职生生产现场管理策略研究	黄志宏	衢州市衢江区职业中专
ZJCV2020B98	基于问题导向的深化校企合作路径研究	牟华洪	台州技师学院
ZJCV2020B99	基于精益生产的中法合作校企共同体教学模式研究	邢松华	海宁市高级技工学校
ZJCV2020B100	校企合作共建职业训练院的探索与实践——以"海正学院"为例	张学生	台州技师学院
ZJCV2020B101	产教融合课程化　评价多元智能化——中职烹饪人才培养模式研究	虞燕芬	浙江省舟山市普陀区职业技术教育中心
ZJCV2020B102	供给侧结构性改革视域下校企协同育人新样态研究	黄锡洪	兰溪市职业中等专业学校
ZJCV2020B103	"懂礼、守规、吃苦"的中职顶岗实习实践研究	徐卫民	兰溪市技工学校
ZJCV2020B104	同频迭代：产教融合视域下国际化智造人才培养研究	王立群	海宁市高级技工学校
ZJCV2020B105	产教融合视域下的公共实训基地现场管理研究	周麟彦	浙江省机电技师学院
ZJCV2020B106	产教融合视域下技师学院智能制造应用技术类专业实训教学管理创新策略研究	李震球	杭州萧山技师学院

立项编号	课题名称	负责人	主持单位
ZJCV2020B107	ME2 工艺分解为核心的机器人产教融合课程的研究	马高峰	余姚技师学院筹
ZJCV2020B108	"全息实训"校企合作模式在电商专业中的实践研究	徐　匡	浙江省东阳市技术学校
ZJCV2020B109	产教融合背景下中职大师工作室建设与人才培养模式探索	陆元杰	平湖市职业中学
ZJCV2020B110	产教融合背景下"非遗"专业梯队式人才培养模式的研究	张长友	龙泉青瓷宝剑技师学院
ZJCV2020B111	基于现代学徒制实施产教融合的应用研究	周敏锋	海盐县理工学校
ZJCV2020B112	校医协同护理专业学生职业道德全程化培养模式研究	彭　凌	浙江树人大学
ZJCV2020B113	"互联网+"背景下中等职业教育产教融合人才培养模式研究	李　江	温州市职业中等专业学校
ZJCV2020B114	从生产任务模拟到工学交替的机电专业产教融合途径研究	卞博钧	桐乡技师学院
ZJCV2020B115	工匠工作室下中职服表专业可塑人才精准培养模式的研究	唐　峰	杭州市服装职业高级中学
ZJCV2020B116	"共商·共建·共享"——基于"校中厂"的校企5双融合之实践探索	管利文	千岛湖中等职业学校
ZJCV2020B117	基于校企合作的中职护理"双师型"教师培养机制研究	黄应勋	丽水护士学校
ZJCV2020B118	"五岗五训五型":校企共育一线储备班组长的研究	朱旭晨	杭州市临安区职业教育中心
ZJCV2020B119	产教融合背景下提高学生岗位适应能力的实践研究	王梁华	杭州萧山技师学院
ZJCV2020B120	"双主体·三结合·多元化"中职顶岗实习信息化管理机制的实践与研究	鲁晓阳	杭州市中策职业学校
ZJCV2020B121	中职建筑装饰人才产教融合培养方式研究	骆中成	杭州市建设职业学校
ZJCV2020B122	产教融合背景下中职教师教学创新团队建设研究	蓝忠华	嘉兴技师学院

立项编号	课题名称	负责人	主持单位
ZJCV2020B123	全程培养 全域育人：中职学校产教融合模式的构建与实践研究	张德成	杭州市西湖职业高级中学
ZJCV2020B124	产教融合背景下，中职汽修专业"进阶式"实训项目的设计与实践	张义军	嵊州市职业教育中心
ZJCV2020B125	基于群岛新区临港制造产业人才培养模式的实践研究	李定华	舟山技师学院
ZJCV2020B126	名师工作室背景下技术研发实践平台建设的研究	张华燕	云和县中等职业技术学校
ZJCV2020B127	中职茶叶专业"四段式"工学交替人才培养模式的探索与实践	潘红枫	浙江省松阳县中等专业学校
ZJCV2020B128	基于产教融合的室内设计课程混合培养模式实践研究	方小卉	浙江建设技师学院
ZJCV2020B129	校企合作下项目驱动在中职电子商务课堂教学中的应用研究	韩　悦	绍兴市柯桥区职业教育中心
ZJCV2020B130	基于生产性实训的产教融合模式研究——以电子商务专业为例	吕杰英	杭州轻工技师学院
ZJCV2020B131	基于校企契合度调研构建产教精准融合的实践与研究	陈伟江	新昌技师学院
ZJCV2020B132	中职学校"师生共企、岗位共习"式工学交替管理模式研究	李金光	绍兴市中等专业学校
ZJCV2020B133	技工院校企业新型学徒制培养模式的实践研究	张贯虹	浙江公路技师学院
ZJCV2020B134	校企名师大师协同引领下的烹饪专业产教融合的实践探究	余铁军	绍兴技师学院（筹）
ZJCV2020B135	产教融合 校企合作 共育高技能人才	闵惠敏	浙江信息工程学校
ZJCV2020B136	中职产教融合"九宫格状"质量保障机制的建设研究	郑渭寅	金华市婺城区九峰职业学校
ZJCV2020B137	酒店服务与管理专业"四位一体"现代学徒制构建策略研究	徐　进	金华实验中学
ZJCV2020C01	百万扩招中的学生发展：高职院校就业保障机制研究	奚　康	浙江工商职业技术学院

立项编号	课题名称	负责人	主持单位
ZJCV2020C02	基于心理资本和目标导向的高职生就业绩效提升实证研究	黄晓霞	湖州职业技术学院
ZJCV2020C03	高职院校众创空间商业模式的优化研究——以金华职业技术学院为例	王　升	金华职业技术学院
ZJCV2020C04	基于PLS-MGA分析的高职学生创业绩效影响因素及对策研究	王绍峰	浙江工商职业技术学院
ZJCV2020C05	面向区域经济的地方综合高职院校创业课程体系构建和研究	陆亚文	杭州科技职业技术学院
ZJCV2020C06	产教融合背景下高职就业生态系统的优化策略	应　莉	金华职业技术学院
ZJCV2020C07	高职院校大学生创业绩效测评及对策研究	陈燕娜	宁波卫生职业技术学院
ZJCV2020C08	新实体经济转型期高职院校学生就业能力内生机制研究	朱　婧	浙江建设职业技术学院
ZJCV2020C09	高职院校"双困生"就业服务体系构建与研究	唐林强	浙江交通职业技术学院
ZJCV2020C10	高职扩招学生群体就业教育培训研究——以农民工为例	陶启付	杭州职业技术学院
ZJCV2020C11	产教融合视域下职业院校就业创业教育路径研究	尹清杰	浙江工贸职业技术学院
ZJCV2020C12	双创背景下高职学生创业机会识别能力提升路径与研究	傅　赟	衢州职业技术学院
ZJCV2020C13	高职创新创业与专业教育融合的研究与实践	吕丽华	浙江经贸职业技术学院
ZJCV2020C14	基于"守正创新"理念下的高职经管类创新创业课程改革研究	任　冉	浙江医药高等专科学校
ZJCV2020C15	基于现代学徒制的高职计算机专业学生创新实践能力培养	姚雪存	浙江纺织服装职业技术学院
ZJCV2020C16	基于就业创业能力持续发展的高职电商人才培养路径研究	孙　丽	杭州职业技术学院
ZJCV2020C17	现代学徒制培养模式助推高职学生高质量就业的路径研究	臧庆玉	湖州职业技术学院

立项编号	课题名称	负责人	主持单位
ZJCV2020C18	基于长三角区域知识需求的就业对策——以IT高职生为例	张驰庚	嘉兴职业技术学院
ZJCV2020C19	立德树人视野下中医药高职院校"创业教育共同体"的构建	王　涛	浙江医药高等专科学校
ZJCV2020C20	数字经济背景下高职学生双创能力培养模式的研究与实践	魏振锋	浙江工贸职业技术学院
ZJCV2020C21	服务衢州乡村大花园建设视域下高职就业创业教育的探索	程　强	衢州职业技术学院
ZJCV2020C22	高职院校精准化就业指导体系构建研究	吴　昊	金华职业技术学院
ZJCV2020C23	高职扩招背景下"四类生"精准就业实施路径研究	张鹏飞	杭州职业技术学院
ZJCV2020C24	高职"双创"培养范式的探索与研究	陈　健	浙江纺织服装职业技术学院
ZJCV2020C25	产教融合背景下高职学生就业质量提升策略研究	王　欣	义乌工商职业技术学院
ZJCV2020C26	新时代退役士兵大学生就业创业能力提升研究	倪科卿	浙江育英职业技术学院
ZJCV2020C27	地方高职院校艺术设计类专业创业教育生态系统的实践研究	汲晓辉	湖州职业技术学院
ZJCV2020C28	浙江省高职院校创新创业教育生态系统构建研究	冯　维	绍兴职业技术学院
ZJCV2020C29	高校创新创业教育对大学生双创素质及行为的影响研究	平　萍	浙江长征职业技术学院
ZJCV2020C30	"互联网+"视角下高职毕业生就业竞争力提升路径研究	杨　勇	浙江工业职业技术学院
ZJCV2020C31	"大智移云"时代高职会计专业学生就业创业能力培养——基于服务区域经济发展视角	陈丽君	温州职业技术学院
ZJCV2020C32	数字化时代温州高职院校双创教育 结构优化与实施路径研究——黄炎培职业教育理论与实践研究	姜　瑜	温州职业技术学院

立项编号	课题名称	负责人	主持单位
ZJCV2020C33	互联网金融人才就业胜任力培训机制研究	马杰妮	浙江农业商贸职业学院
ZJCV2020C34	高职学生创业意愿及影响因素研究 ——以在校生与毕业两年学生为例	吴 晖	浙江旅游职业学院
ZJCV2020C35	基于产教融合的就业创业教育体系构建	顾怡红	衢州职业技术学院
ZJCV2020C36	"企主校客"背景下高职院校订单班学生就业问题研究——以浙江安防职业技术学院为例	蔡永森	浙江安防职业技术学院
ZJCV2020C37	基于创客工作站模式培养机电类"双创"人才的研究及实践	蒋 帆	浙江同济科技职业学院
ZJCV2020C38	高职院校基于创新创业精神培育的人才培养模式改革研究	徐伶俐	浙江金融职业学院
ZJCV2020C39	双创背景下商品学教学改革研究	杨明斐	衢州职业技术学院
ZJCV2020C40	产教融合视角下高职双创教育双协同体系构建与实践研究	赵 静	浙江经贸职业技术学院
ZJCV2020C41	新形势下"四位一体"的高职院校就业工作体系构建研究	王炜丽	浙江医药高等专科学校
ZJCV2020C42	基于"五创联动"的创业工作坊运行机制研究	唐夏韵	杭州万向职业技术学院
ZJCV2020C43	生涯发展视域下中职"三位一体"创业教育模式构建研究	陈 平	宁波经贸学校
ZJCV2020C44	面向小微企业就业创业复合型人才培养的研究与实践	许红平	杭州萧山技师学院
ZJCV2020C45	"中职电商＋旅游专业"融合式就业创业实训课程的实践研究	刘 俊	浙江省舟山市普陀区职业技术教育中心
ZJCV2020C46	浙江省技工院校毕业生就业质量调查及提升策略研究	王尧林	杭州萧山技师学院
ZJCV2020C47	"让学农者乐农" ——中职新型职业农民培养的实践研究	林 慧	绍兴财经旅游学校

立项编号	课题名称	负责人	主持单位
ZJCV2020C48	中职起点的学前教育专业学生就业质量提升策略研究	余悉英	兰溪市职业中等专业学校
ZJCV2020C49	基于区域特色经济的中职电商创业就业实践研究	吴春红	丽水市职业高级中学
ZJCV2020C50	中职学校 CDIO 双创模式的构建研究	严水荷	杭州市西湖职业高级中学
ZJCV2020C51	基于现代学徒制的中职"工匠精神"与双创教育耦合模式研究	蔡立锋	浙江交通技师学院
ZJCV2020C52	基于创新创业能力培养的技工院校双创教育平台建设研究	姚森娟	湖州交通技师学院
ZJCV2020C53	基于校园消费群体的中职生创业模式探究与实践	吕旺力	绍兴技师学院（筹）
ZJCV2020C54	中职"闯关式"创新创业教育的实践与研究	马旭洲	杭州市临平职业高级中学
ZJCV2020C55	"工匠精神"融入技工院校学生就业价值观的培养实践研究	周朝阳	三门技师学院
ZJCV2020C56	人工智能时代职业院校提升就业质量的人才培养方案研究	严宇才	台州技师学院
ZJCV2020C57	浙江省中职创新创业教育现状调查研究	庄曼丽	浙江省教育科学研究院
ZJCV2020C58	"五真"快修工作室培养职前素养的实践研究	翁立东	象山港高级技工学校
ZJCV2020C59	中职院校面向创客教育师生互动平台构建的研究	张　汛	杭州汽车高级技工学校
ZJCV2020C60	"行校合作"促进技工院校毕业生高质量就业的实践研究——杭州萧山技师学院为例	金凌芳	杭州萧山技师学院
ZJCV2020C61	"小菌菇，大梦想"——菌菇盆景学生创业项目的探索研究	蔡耀强	桐乡市卫生学校
ZJCV2020C62	基于工匠精神的中职学生创新创业人才培养策略	黄佳骏	浦江县职业技术学校
ZJCV2020C63	立足地方特色产业的中职创新创业教育实践研究	王柳娟	云和县中等职业技术学校

立项编号	课题名称	负责人	主持单位
ZJCV2020D01	乡村振兴背景下涉农院校现代农业职业培训的实施策略研究	潘丽芹	台州科技职业学院
ZJCV2020D02	浙江农民创新创业技能培育新模式及教育效果研究	杨伶俐	浙江经贸职业技术学院
ZJCV2020D03	职业教育助力精准扶贫研究：必然、实然和应然	陆　颖	杭州职业技术学院
ZJCV2020D04	精准扶贫视域下新型职业农民培养路径设计	张　杰	杭州职业技术学院
ZJCV2020D05	温暖工程框架下"就业共同体"促进机制研究	方晓红	浙江机电职业技术学院
ZJCV2020D06	产教融合背景下县域职业教育扶贫路径的研究——以瑞安为例	高　峰	温州职业技术学院
ZJCV2020D07	职业教育涉农类专业精准扶贫机制探索与实践研究	周丽霞	湖州职业技术学院
ZJCV2020D08	基于精准扶贫的高职电商生返乡创业及乡村振兴路径探究	程　娅	浙江经济职业技术学院
ZJCV2020D09	满天星"帮盲"工程——盲人按摩从业人员继续教育模式探索与实践	胡常胜	金华职业技术学院
ZJCV2020D10	高职扩招背景下社会学生就业软技能提升路径研究	杨京艳	浙江旅游职业学院
ZJCV2020D11	电商扶贫扶智双视域下农民工返乡创业职教转化策略研究	向科衡	浙江经济职业技术学院
ZJCV2020D12	高职扩招背景下高素质农民"全程化"教育培训路径研究	高春娟	温州科技职业学院
ZJCV2020D13	高职服务精准脱贫的履践及模式研究	程欣玲	浙江建设职业技术学院
ZJCV2020D14	外来务工人员就业培训现状调研与策略研究——以宁波市为例	余吕明	宁波幼儿师范高等专科学校
ZJCV2020D15	浙中地区高职院校精准扶贫模式、效应与对策研究	孙凤敏	金华职业技术学院
ZJCV2020D16	高职教育基金会帮扶项目提升学生职业道德的实践研究	金　璐	浙江同济科技职业学院

立项编号	课题名称	负责人	主持单位
ZJCV2020D17	基于"精准扶贫"视域下高职弱势学生就业帮扶体系构建与实施路径研究	汪　妍	金华职业技术学院
ZJCV2020D18	战略性新兴产业中的浙江农民工职业培训发展方向研究	王燕洁	杭州万向职业技术学院
ZJCV2020D19	乡村振兴战略下乡村工匠式精英的培育——中职"规模+专业"特色培训体系的实践研究	叶云汉	缙云县职业中等专业学校
ZJCV2020D20	技能扶贫视域下打造"233"校地合作多面体的研究——以金华市技师学院为例	周金奚	金华市技师学院
ZJCV2020D21	职业教育对口协作精准扶贫研究（以舟山—达州为例）	李增蔚	舟山技师学院
ZJCV2020D22	职业教育精准扶贫服务体系研究	倪中勇	三门技师学院
ZJCV2020D23	疫情后面向新时代退役军人职业教育和培训的探索研究	顾　磊	杭州萧山技师学院
ZJCV2020D24	基于"甬疆有爱·文旅融合"的职教对口协作发展实践研究	董祖浩	宁波市甬江职业高级中学
ZJCV2020D25	精准培训缓解产业升级背景下的高级技工荒	项万明	杭州技师学院
ZJCV2020D26	技师学院参与东西部协作精准扶贫的实践与研究	杨显确	温州技师学院
ZJCV2020D27	精准扶贫视域下技工教育推进高质量脱贫实践与对策研究	应国勇	杭州技师学院
ZJCV2020D28	工会参与外来务工人员素质提升工程的实践研究——以杭州市为例	程育新	杭州市工人业余大学

附件 5　浙江省中华职业教育科研项目 2021 年立项课题名单（共 300 项）

立项编号	课题名称	负责人	主持单位
ZJCV2021A01	基于黄炎培职教思想的新时代高职"工匠精神"培育路径研究	饶楚楚	衢州职业技术学院
ZJCV2021A02	浙江省工业遗产研学旅行与"工匠精神"传承研究	郝　杰	浙江旅游职业学院
ZJCV2021A03	以"工匠精神"为内核的高职电梯专业课程思政教学改革研究	贾中楠	杭州职业技术学院
ZJCV2021A04	"工匠精神"融入高职课程建设的"五进"策略研究	崔红卫	杭州万向职业技术学院
ZJCV2021A05	健康中国战略下高职医卫类学生"工匠精神"培育路径研究	忻艳存	宁波卫生职业技术学院
ZJCV2021A06	"工匠精神"融入"三教"改革的研究与实践——以《基础护理》为例	乐益娜	杭州职业技术学院
ZJCV2021A07	黄炎培职教思想对高职院校"工匠精神"培育的启示	叶绿美	宁波城市职业技术学院
ZJCV2021A08	基于黄炎培职教思想的高职生学习适应性问题研究	于海波	浙江经贸职业技术学院
ZJCV2021A09	黄炎培大职教观下新工科高职生"工匠精神"培育机制研究	王英飞	浙江机电职业技术学院
ZJCV2021A10	"敬业乐群"理念下高职药商类专业人才"工匠精神"培育研究	郭文博	浙江医药高等专科学校
ZJCV2021A11	基于"敬业乐群"思想与"工匠精神"之高职辅导员素质提升研究	熊　媛	浙江商业职业技术学院
ZJCV2021A12	节约型社会背景下水利高职生"工匠精神"培育研究	梁　莹	浙江同济科技职业学院
ZJCV2021A13	黄炎培思想视域下职业教育"工匠精神"的培育研究	王颖娴	杭州职业技术学院

立项编号	课题名称	负责人	主持单位
ZJCV2021A14	智能制造视域下机电类高职生"工匠精神"培养研究	洪尉尉	杭州职业技术学院
ZJCV2021A15	基于黄炎培职教思想的助产实习生"工匠精神"现况研究	王　艳	宁波卫生职业技术学院
ZJCV2021A16	"工匠精神"：快递业从业人员培育路径研究	王　冰	浙江交通职业技术学院
ZJCV2021A17	高职物流类专业学生"工匠精神"认知现状及对策研究	方照琪	浙江交通职业技术学院
ZJCV2021A18	高职技能型人才"工匠精神"培育研究——以数字传承皮影戏为例	朱史虹	浙江商业职业技术学院
ZJCV2021A19	黄炎培职教思想理念下高等职业教育体育教学的实践研究	王志强	义乌工商职业技术学院
ZJCV2021A20	"敬业乐群"思想与高职旅游类人才"工匠精神"培育的研究	胡小华	浙江旅游职业学院
ZJCV2021A21	基于"工匠精神"内涵的多维螺旋递进式人才培育模式研究	赵亚男	嘉兴南洋职业技术学院
ZJCV2021A22	黄炎培思想启示下对高职学生"工匠精神"的培育对策研究	钱抒辰	浙江农业商贸职业学院
ZJCV2021A23	助力杭州智造的高职院校"工匠精神"培育研究	郭　橙	浙江经济职业技术学院
ZJCV2021A24	黄炎培职教思想下"赛教融合"对高职教师"工匠精神"培育研究	王　慧	杭州职业技术学院
ZJCV2021A25	黄炎培职教思想在协同育人视域下"工匠精神"培育的运用研究	邵月花	浙江金融职业学院
ZJCV2021A26	黄炎培职教思想和"工匠精神"下的双师型高职教师发展研究	吴　晶	浙江宇翔职业技术学院
ZJCV2021A27	黄炎培"手脑并用"原则对职校匠人培养的启示	龚万琴	浙江科贸职业技术学院（筹）
ZJCV2021A28	浙江制造业高质量发展背景下残疾学生"工匠精神"培育研究	俞晓婷	浙江特殊教育职业学院
ZJCV2021A29	黄炎培劳育思想下中职学校"三生"劳动教育的探索与实践	王　健	慈溪技师学院

立项编号	课题名称	负责人	主持单位
ZJCV2021A30	黄炎培"敬业乐群"思想与技工教育下"工匠精神"培育	朱琼宇	台州技师学院
ZJCV2021A31	"工匠精神"纳入职业院校思政教育的内化与外联建设研究	王　莉	杭州第一技师学院
ZJCV2021A32	黄炎培职业教育思想视域下职业院校"工匠精神"培育研究	方英英	台州技师学院
ZJCV2021A33	技工院校模具专业人才"工匠精神"培育路径探析	张军华	台州技师学院
ZJCV2021A34	黄培炎职教思想下"工匠精神"与课程思政334互融机制研究	赵丽娜	浙江省机电技师学院
ZJCV2021A35	基于黄炎培职教思想的中职美术"工匠精神"的培育研究	傅青松	浙江省机电技师学院
ZJCV2021A36	技工院校开展"工匠精神"与非遗文化传承融合的路径研究	谢彤彤	三门技师学院
ZJCV2021A37	炎培思想：新时代汽修专业工匠人才评价的创新实践	朱汉楼	湖州交通技师学院
ZJCV2021A38	从职业认同到职业自信——黄炎培职教观下非遗传承人才培养实践	陈灵娟	龙泉青瓷宝剑技师学院
ZJCV2021A39	基于智创空间的技能大师工作室创新型工匠培养的探究	邱建忠	温州技师学院
ZJCV2021A40	基于黄炎培职教思想的职业院校"工匠精神"培育范式研究	姚建红	杭州市旅游职业学校
ZJCV2021A41	行为设计：黄炎培职教思想下杭派教师"工匠精神"的培育	齐云飞	杭州市闲林职业高级中学
ZJCV2021A42	中职学生"工匠精神"培育进路研究——以烹饪专业为例	陈　薇	海宁市高级技工学校
ZJCV2021A43	基于黄炎培职教思想重构中职会展人才的"匠心图谱"	娄静娴	杭州市旅游职业学校
ZJCV2021A44	黄炎培职业教育观视域下中职护理人才培养研究	黄华春	丽水护士学校
ZJCV2021A45	黄炎培职教思想视域下与"工匠精神"培育融合的研究	吴　非	绍兴市上虞区职业中等专业学校

立项编号	课题名称	负责人	主持单位
ZJCV2021A46	黄炎培职教思想视域下中职生"工匠精神"培育策略研究	赵蔚芹	杭州汽车高级技工学校
ZJCV2021A47	黄炎培职教思想在现代"工匠精神"培育中的应用研究	林如军	宁波市职业与成人教育学院
ZJCV2021A48	黄炎培职教思想对中职数学教学的影响研究	王　樵	兰溪市职业中等专业学校
ZJCV2021A49	黄炎培职教思想指导下学前教育专业"工匠精神"的培育研究	赵巧云	丽水中等专业学校
ZJCV2021A50	中职学校文化建设中"工匠精神"的实践研究	曾有才	青田县职业技术学校
ZJCV2021A51	课赛融合体系构建与实施的研究	梁莉萍	台州市椒江区第二职业技术学校
ZJCV2021A52	基于中职生核心素养提升的德育激励机制建设的研究	吴宏芳	浙江省东阳市技术学校
ZJCV2021A53	黄炎培职教思想下技校学生"工匠精神"培育的实践研究	张效南	建德市工业技术学校
ZJCV2021B01	利益相关者视角下高职院校产教融合质量评价体系研究	薛寿芳	浙江同济科技职业学院
ZJCV2021B02	产教融合背景下城轨实训 APP 的研究与设计	杨文远	杭州万向职业技术学院
ZJCV2021B03	产教融合视域下订单培养"双元"育人模式良性循环机制构建	王珠珠	浙江金融职业学院
ZJCV2021B04	产教融合视域下校企协同育人协同度及对策研究	章璐幸	浙江医药高等专科学校
ZJCV2021B05	基于产教融合的高职教育校企命运共同体构建研究	程书芹	浙江商业职业技术学院
ZJCV2021B06	基于区块链技术的高职院校产教深度融合路径探析	章　莹	浙江经济职业技术学院
ZJCV2021B07	外贸新业态下基于产教深度融合高职外贸复合型人才培养路径研究	黄冬梅	浙江育英职业技术学院

立项编号	课题名称	负责人	主持单位
ZJCV2021B08	高职院校"产学研创四位一体"协同育人机制研究	韩金臻	浙江工业职业技术学院
ZJCV2021B09	双高建设背景下基于利益相关者理论的产教融合质量评价研究	来金晶	浙江商业职业技术学院
ZJCV2021B10	"一带一路"背景下"企业主导、三方联动"的产教融合模式研究	宣家辉	浙江经贸职业技术学院
ZJCV2021B11	产教融合背景下生产性实训基地的探索及教学效果评价	段 霄	台州科技职业学院
ZJCV2021B12	基于产教融合的城轨机电技术专业人才培养模式研究	潘文彬	杭州职业技术学院
ZJCV2021B13	基于产教融合的化工生产性实训基地建设与运行机制研究	秦传高	浙江国际海运职业技术学院
ZJCV2021B14	基于现代学徒制的产教融合教学模式构建	孙新城	浙江工业职业技术学院
ZJCV2021B15	"走出去"背景下浙江高职教育产教融合人才培养模式研究	张 婷	浙江工业职业技术学院
ZJCV2021B16	万村景区化背景下的旅游管理专业产教融合研究	牛 状	浙江横店影视职业学院
ZJCV2021B17	新时代职业教育产教融合新型模式和路径研究	李兴远	浙江纺织服装职业技术学院
ZJCV2021B18	"大智移云"时代高职会计产教协同育人课程体系研究	周建平	宁波城市职业技术学院
ZJCV2021B19	产教融合背景下现代学徒制成效评价体系研究	宫丽丽	浙江广厦建设职业技术学院
ZJCV2021B20	产教融合视域下"六位一体"化轨道交通人才培养路径研究	王慧君	浙江机电职业技术学院
ZJCV2021B21	产教融合视域下高职教师企业实践评价体系构建研究	黄会明	浙江机电职业技术学院
ZJCV2021B22	长三角一体化背景下产教融合的实现机制与评价研究	周 政	浙江商业职业技术学院

立项编号	课题名称	负责人	主持单位
ZJCV2021B23	"1+X"证书制度驱动的汽车类专业产教融合探索与实践	郑丽辉	衢州职业技术学院
ZJCV2021B24	产教融合背景下高职信息安全人才培养对接区域市场需求的实践研究	徐　晶	浙江警官职业学院
ZJCV2021B25	产教融合视域下高职实训基地绩效管理研究	葛玲霞	浙江建设职业技术学院
ZJCV2021B26	基于"产教融合"的三维动画教学实践和产业项目管理研究	周伟新	浙江纺织服装职业技术学院
ZJCV2021B27	矿山装备智造人才产教融合协同育人机制创新与实践	张新星	衢州职业技术学院
ZJCV2021B28	"双高"建设背景下舞台艺术设计与制作专业产教融合的实践研究	季青媛	浙江艺术职业学院
ZJCV2021B29	产教融合视域下飞机维修类专业"递进式"实践教学体系构建	史永杰	嘉兴职业技术学院
ZJCV2021B30	高职跨境电商专业复合型人才培养模式构建与研究	刘　莎	浙江商业职业技术学院
ZJCV2021B31	提升高职院校中外合作办学社会服务能力路径研究	毛艳梅	浙江商业职业技术学院
ZJCV2021B32	产教融合背景下高职会展学生职业胜任力培养路径研究	胡芳芳	浙江经贸职业技术学院
ZJCV2021B33	基于"1+X"专业联盟的园林专业现代学徒制人才培养模式研究	单银丽	浙江建设职业技术学院
ZJCV2021B34	基于企业视角的职业教育深度产教融合评价指标体系研究	单勤琴	义乌工商职业技术学院
ZJCV2021B35	后疫情时代高职现场教学体系设计与实践——以会展专业为例	吕　鹏	宁波城市职业技术学院
ZJCV2021B36	提质培优背景下高素质技术技能人才职业能力培养研究	徐菁晶	浙江同济科技职业学院
ZJCV2021B37	疫情背景下高职院校"互联网+"产教融合创新策略研究	秦贞华	浙江机电职业技术学院
ZJCV2021B38	现代学徒实践对高职生职业态度的影响实证研究	陈和平	义乌工商职业技术学院

立项编号	课题名称	负责人	主持单位
ZJCV2021B39	基于产教融合的校企闭环实践教学体系的构建与实践	张东芳	浙江经济职业技术学院
ZJCV2021B40	产教融合背景下高职管理会计人才培养研究	王　俊	义乌工商职业技术学院
ZJCV2021B41	新师范背景下学前教育专业教师发展学校建设研究	华晓宇	宁波幼儿师范高等专科学校
ZJCV2021B42	产教融合提升高职学生创新创业能力的实践探索	程素英	杭州职业技术学院
ZJCV2021B43	黄炎培产教融合思想当代化的实践路径研究	虞艳云	浙江金融职业学院
ZJCV2021B44	混合式教学模式下汽配专业"产学研"教学改革与实践	杜金玲	浙江汽车职业技术学院
ZJCV2021B45	产教融合背景下金融文秘人才培养体系创新研究	凌云志	浙江金融职业学院
ZJCV2021B46	基于产教深度融合的产业学院物流人才培养模式研究	王利芳	湖州职业技术学院
ZJCV2021B47	产教融合背景下体育保健专业人才"体医融合"培养模式的研究	叶林玉	浙江体育职业技术学院
ZJCV2021B48	中职核电专业产教深融"四链合一"模式的研究	罗　文	三门技师学院
ZJCV2021B49	产业升级背景下职业院校产教深度融合柔性机制研究	陆卫国	杭州第一技师学院
ZJCV2021B50	产教融合背景下医药健康产业学院构建与运行路径探析	张晓军	杭州第一技师学院
ZJCV2021B51	技师研修"卓越"师资培养模式的实践与探索	施俊杰	慈溪技师学院
ZJCV2021B52	基于产教融合的中职 VR 专业混合教学模式研究	王浩冰	嘉兴技师学院
ZJCV2021B53	基于企业新型学徒制的工学结合一体化课程开发与实践	许　猛	舟山技师学院
ZJCV2021B54	产业学院模式下跨企业培训中心的建设路径	朱云辉	杭州第一技师学院

立项编号	课题名称	负责人	主持单位
ZJCV2021B55	产教融合视域下跨专业融合平台建设实践研究	贾永红	浙江交通技师学院
ZJCV2021B56	产教融合中电商专业 CCME 创客型人才培养模式研究	周家林	嘉兴技师学院
ZJCV2021B57	基于电商企业主体的产教融合服务模式研究	宋 丽	嘉兴技师学院
ZJCV2021B58	产教融合背景下职业院校轨道交通安全课程实践研究	刘华桥	浙江省机电技师学院
ZJCV2021B59	面向工业互联网人才培养的技工院校产教融合协同育人模式研究	秦丹凤	杭州萧山技师学院
ZJCV2021B60	基于校企轮替、工学一体的古建筑专业实践课程体系研究	杨卫敏	台州技师学院
ZJCV2021B61	基于命运共同体的校企双精准育人模式探究	唐玉藏	浙江交通技师学院
ZJCV2021B62	产教融合背景下工匠型现代钳工技能人才培养模式研究	刘秀利	绍兴技师学院筹
ZJCV2021B63	新型学徒制模式下药物制剂、分析类高技能人才培养体系建设	陈 迪	杭州轻工技师学院
ZJCV2021B64	产教融合下旅游专业"校企互动型"课程体系的实践研究	王 栋	金华市技师学院
ZJCV2021B65	产教融合视域下高技能人才培养路径优化研究与实践	付 娴	宁波第二技师学院
ZJCV2021B66	职业技能等级认定创新模式的实践研究 ——员工技能水平企业说了算	王灵斌	台州第一技师学院
ZJCV2021B67	基于新型教学空间的"1+X"高技能人才培育新模式研究	吴 铮	长兴技师学院
ZJCV2021B68	"分阶段考核"高技能人才培养模式的探索与研究	徐振宇	浙江省诸暨技师学院
ZJCV2021B69	三色学堂:农村职校助力下姜村乡村振兴之实践研究	蒋军海	千岛湖中等职业学校
ZJCV2021B70	混合所有制产业学院建设探究——以三门石窗产业学院为例	陈丽华	三门县职业中等专业学校

立项编号	课题名称	负责人	主持单位
ZJCV2021B71	基于"产教共同体"的中职新能源汽修专业三教改革研究	严佩佩	长兴县职业技术教育中心学校
ZJCV2021B72	现代学徒制背景下电商物流站的运作机制研究	陈萍萍	浦江县职业技术学校
ZJCV2021B73	省"双高"背景下"护理＋康养"产业学院构建研究	韩丽雅	桐乡市卫生学校
ZJCV2021B74	基于产教融合中职建筑专业校内实训基地建设的研究	李　波	绍兴市上虞区职业中等专业学校
ZJCV2021B75	"双高"背景下中职旅游"校协一体，跨界共融"人才培养模式研究	祝小雅	衢州中等专业学校
ZJCV2021B76	"1＋X"证书视角下中职老年护理课堂实践改革的研究	计亚萍	桐乡市卫生学校
ZJCV2021B77	以评价为导向的产教融合有效实施路径研究	陆　斌	杭州市建设职业学校
ZJCV2021B78	产教融合背景下中职电子商务人才培养的模式研究	周华标	海宁市职业高级中学
ZJCV2021B79	"产、学、赛、研"四维一体——工作室教学模式的创新实践	严雄飞	衢州市工程技术学校
ZJCV2021B80	"链上教育"背景下的中职专业课教师"下企业"实践与研究	吴建伟	浙江省松阳县中等专业学校
ZJCV2021B81	产教融合背景下国际贸易专业基地校建设的实践研究	孟晗郁	义乌市国际商贸学校
ZJCV2021B82	产教融合视域下的PLC课程三教改革路径研究	吕　华	海盐县理工学校
ZJCV2021B83	田园化学：中职化工专业产教融合模式的探索和实践	章　杰	杭州市良渚职业高级中学
ZJCV2021B84	产教融合人才培养模式背景下新时代"浙江匠苗"培育研究	滕朝晖	杭州市临安区技工学校
ZJCV2021B85	基于教学车间中职卧加人才培养模式的设计与实施研究	滕方敏	杭州市临平职业高级中学

立项编号	课题名称	负责人	主持单位
ZJCV2021B86	产教融合背景下"校企行"产学研基地建设的实践研究——以杭州市中策职业学校"鸿创"基地建设为例	沈伟峰	杭州市中策职业学校
ZJCV2021B87	基于"三教改革"的技能复合型人才培养实践研究	曹亦豪	金华市婺城区九峰职业学校
ZJCV2021B88	新时代背景下中职产教融合育人模式的构建	舒伟红	缙云县职业中等专业学校
ZJCV2021B89	校企合作共同体建设下中职机电专业现代学徒制实践研究	洪丽玲	龙游县职业技术学校
ZJCV2021B90	产教融合视域下中职学校教学创新团队建设案例研究	田小波	宁波市奉化区职业教育中心学校
ZJCV2021B91	产教融合背景下中职"两创"教育模式构建与探索	李　康	平湖市职业中学
ZJCV2021B92	"五位一体"眼镜产教融合基地的建设研究	郑王卉	温州市瓯海职业中专集团学校
ZJCV2021B93	产教融合视域下"1+X"证书制度的汽修专业课程体系建设	卢　斌	温州市职业中等专业学校
ZJCV2021B94	产教融合背景下现代学徒制的实践研究	马志强	义乌市国际商贸学校
ZJCV2021B95	"1+X"证书制度背景下产教融合人才培养模式研究与实践	金志宇	浙江省诸暨市职业教育中心
ZJCV2021B96	技工院校校企合作、产教融合培养模式的探讨	陈胜元	嵊州市职业教育中心
ZJCV2021B97	产教融合视域下中职机械专业技能型人才的培养研究	王长辉	兰溪市教育局教研室
ZJCV2021B98	职业院校深化产教融合的路径探索与实践	程江平	浙江省教育科学研究院

立项编号	课题名称	负责人	主持单位
ZJCV2021C01	基于智能机器人创客空间的"教学竞创"培养模式研究	丁洁瑾	浙江同济科技职业学院
ZJCV2021C02	基于RCEP协定的跨境电商网络直播就业创业人才培养研究	陈竹韵	浙江机电职业技术学院
ZJCV2021C03	基于"政产学"视角的跨境电商创业人才胜任力研究	王婕佳	浙江经济职业技术学院
ZJCV2021C04	基于"五业贯通"的高职汽车专业创业教育生态链构建研究	邱英杰	杭州职业技术学院
ZJCV2021C05	"双创"视域下高职院校创新创业教育人才培养模式研究	徐友洪	衢州职业技术学院
ZJCV2021C06	产教融合背景下高职院校创业人才培育的实证研究	戚家超	浙江纺织服装职业技术学院
ZJCV2021C07	专创融合视角下高职院校创新创业人才培养途径研究	张仕军	浙江工业职业技术学院
ZJCV2021C08	高职学生就业创业法律素养培养路径探究	赵丽昊	浙江广厦建设职业技术学院
ZJCV2021C09	现代学徒制视域下高职创新创业人才协同培养机制研究	王凯强	浙江工业职业技术学院
ZJCV2021C10	"专创融合"视角下高职院校创新创业教育质量评价研究	范昕俏	杭州职业技术学院
ZJCV2021C11	劳动教育视域下高职学生就业创业能力的培养路径研究	陈 伟	杭州职业技术学院
ZJCV2021C12	基于能动性模型的高职生就业动机作用机制研究	王艳净	衢州职业技术学院
ZJCV2021C13	最优与满意决策模型下的高职学生就业引导路径构建	陈 庆	义乌工商职业技术学院
ZJCV2021C14	知识产权教育助推高职双创人才培养的维度与路径研究	章洋舟	浙江工贸职业技术学院
ZJCV2021C15	数字经济时代高职会展策划与管理专业人才培养路径研究	谢 芳	浙江经贸职业技术学院
ZJCV2021C16	提质培优背景下高职院校专创融合协同育人有效性研究	徐宜宜	浙江同济科技职业学院

续　表

立项编号	课题名称	负责人	主持单位
ZJCV2021C17	"互联网＋创新创业项目"驱动的跨境电商人才培养模式研究	柳伟男	杭州职业技术学院
ZJCV2021C18	"直播＋"背景下高职学生创业模式与路径研究	姚　春	衢州职业技术学院
ZJCV2021C19	职业技能竞赛对高职学生就业质量影响的实证研究	陈玉梅	台州科技职业学院
ZJCV2021C20	浙江精神引领下高职院校学生"双创"核心素养的培养	余雅晶	义乌工商职业技术学院
ZJCV2021C21	基于社会资本理念的高校创业教育服务研究	郑　钦	浙江纺织服装职业技术学院
ZJCV2021C22	基于"训研创"一体化实践教学体系建设的双创教育范式研究	蒋雪芬	衢州职业技术学院
ZJCV2021C23	浙江省服装类毕业生"新就业形态"规模、结构与发展对策研究	王武威	浙江纺织服装职业技术学院
ZJCV2021C24	职业高校中构建引领价值共通感回归的公益创业教育路径研究	吴静怡	浙江医药高等专科学校
ZJCV2021C25	影视人才创新创业与戏曲文化传承发展的融合路径研究	刘　慧	浙江艺术职业学院
ZJCV2021C26	基于高职学生就创能力培养的二手车仿真实训室建设研究	傅松桥	浙江农业商贸职业学院
ZJCV2021C27	"双高计划"视域下高职学生就业质量提升路径研究	陈　诺	杭州职业技术学院
ZJCV2021C28	智媒时代高职服装营销专业创新创业人才培养路径研究	张　虹	杭州职业技术学院
ZJCV2021C29	脱贫攻坚视域下农村籍高职大学生返乡创业的引导机制研究	葛佳佳	义乌工商职业技术学院
ZJCV2021C30	高等职业院校主导型创业教育生态系统构建研究	孙建军	浙江工商职业技术学院
ZJCV2021C31	"后疫情时代"高职医药类大学生创业机会生成研究	许　烽	浙江医药高等专科学校
ZJCV2021C32	后疫情时代空乘大学生就业意愿调查分析与对策研究	元小佩	浙江育英职业技术学院

立项编号	课题名称	负责人	主持单位
ZJCV2021C33	专创融合模式对浙江高职学生就业能力影响的实证研究	黄　倩	台州科技职业学院
ZJCV2021C34	高职院校创业教育生态系统构建策略研究	王　飞	杭州职业技术学院
ZJCV2021C35	高职院校创客创业素质模型构建及提升策略研究	曹　湛	浙江金融职业学院
ZJCV2021C36	新发展阶段社会主义核心价值观融入创新创业教育研究	张妮佳	浙江经济职业技术学院
ZJCV2021C37	乡村振兴背景下高职学生涉农岗位就业意愿影响因素与提升路径研究	金建东	浙江经贸职业技术学院
ZJCV2021C38	"以赛促创"视域下的高职学生就业实践路径研究	张　瑞	杭州职业技术学院
ZJCV2021C39	乡村振兴背景下高职生返乡创业影响因素及对策研究	齐林明	浙江工业职业技术学院
ZJCV2021C40	云教育视域下高职科技型双创人才实践能力培养路径研究	高兴嫒	浙江长征职业技术学院
ZJCV2021C41	高职双创型社团孵化大学生创业就业的实证研究	袁菁红	杭州职业技术学院
ZJCV2021C42	后疫情时代高职院校"社招生"创新创业能力提升实践研究	方义桂	宁波城市职业技术学院
ZJCV2021C43	就业视角下高职医学生公益创业现状与对策的研究	鲁程程	宁波卫生职业技术学院
ZJCV2021C44	高职院校就业生态系统平衡的实现路径研究	王国龄	温州科技职业学院
ZJCV2021C45	劳动教育视域下高职院校创新创业人才协同培养路径研究	赵　静	浙江纺织服装职业技术学院
ZJCV2021C46	疫后自媒体对建筑类高职生就创能力影响的实证研究	刘润民	绍兴职业技术学院
ZJCV2021C47	"双高"背景下基于OBD理念高职学生就业指导体系的研究	毋　琦	浙江机电职业技术学院
ZJCV2021C48	创业大赛对高职院校学生创业意向影响的实证研究	费圆苑	浙江经济职业技术学院

立项编号	课题名称	负责人	主持单位
ZJCV2021C49	技能竞赛提升高职学生就业能力的研究	孟亚娟	浙江交通职业技术学院
ZJCV2021C50	疫情常态化下高职院校高质量就业对策研究	胡烨丹	浙江金融职业学院
ZJCV2021C51	"产品引领法"在技工院校创业创新教育中的应用研究	王 琪	浙江省机电技师学院
ZJCV2021C52	黄炎培思想指导下精密智造创新创业工作室培育机制研究	汪顺国	杭州第一技师学院
ZJCV2021C53	中职服装专业建设之就业创业提升探究	张磊星	桐乡技师学院
ZJCV2021C54	基于中职生就业优势的"1+1+1>3"模式探索与研究	俞婷婷	新昌技师学院
ZJCV2021C55	新就业新形态下大学生职业胜任力培养模式构建	高富春	浙江工贸技师学院
ZJCV2021C56	"互联网+"背景下旅酒专业与电子商务创新创业教育融合路径	章盼璐	浙江商业技师学院
ZJCV2021C57	中职平面设计专业创业教育的路径研究与实施	吴更强	海宁市职业高级中学
ZJCV2021C58	两协同·三融合·四一体：创新创业教育的实践研究	夏其明	浙江省永康市职业技术学校
ZJCV2021C59	"国创精灵"优秀传统文化融入双语绘本的创业实践研究	柯瑞省	杭州市闲林职业高级中学
ZJCV2021C60	中职学生就业前焦虑心理分析与调适策略研究	江卸来	千岛湖中等职业学校
ZJCV2021C61	"三园共建"多主体培养创新型人才模式研究	潘巧兰	浦江县职业技术学校
ZJCV2021C62	医养结合模式下中职护理学生就业方向及对策研究	吕瑞芳	丽水护士学校
ZJCV2021C63	创业视角下面向小微企业培教一体化汽车美容课程开发实践	祁长伟	杭州市交通职业高级中学

立项编号	课题名称	负责人	主持单位
ZJCV2021C64	创业微生态：基于乔之韵模特工作室的双创教育研究	朱　涵	杭州市乔司职业高级中学
ZJCV2021C65	乐创孵化园：中职双创实验室建设研究	周小峰	乐清市职业中等专业学校
ZJCV2021C66	基于中职电商专业学生创业创新"五共"理论实践应用研究	李云云	舟山旅游商贸学校
ZJCV2021C67	基于"三维六全"理念对中职生电商双创教育新模式的研究	李晓琳	浙江省德清县职业中等专业学校
ZJCV2021D01	新制造业下基于PEST-SWOT的退役士兵职业教育提质策略研究	丁媛媛	杭州职业技术学院
ZJCV2021D02	连续数据支撑下高职贫困生精准扶助策略与实践向度研究	胡　茜	浙江机电职业技术学院
ZJCV2021D03	积极心理学视角下刑满释放人员再就业培训实施路径研究	谢文澜	宁波幼儿师范高等专科学校
ZJCV2021D04	乡村振兴战略下职业院校开展温暖工程实践研究	王莺洁	杭州职业技术学院
ZJCV2021D05	服务乡村振兴的农特产业新型农民职教对策研究	吴　敏	杭州职业技术学院
ZJCV2021D06	数字经济时代乡村旅游从业者职业能力重构及培育研究	陈建明	杭州职业技术学院
ZJCV2021D07	产业学院办学模式下职教温暖工程发展路径的探索研究	唐柱斌	浙江东方职业技术学院
ZJCV2021D08	乡村振兴视角下农村留守妇女电商技能培训体系构建研究	王宸圆	义乌工商职业技术学院
ZJCV2021D09	基于"长技能，好就业"的高职扩招生人才培养体系研究	黄龙如	浙江纺织服装职业技术学院
ZJCV2021D10	乡村新农人文旅创新创业职教协同融合机制与成效转化	梁钟儿	浙江经济职业技术学院
ZJCV2021D11	乡村振兴背景下新型职业农民培育体系建构的路径研究	张小雷	浙江商业职业技术学院

立项编号	课题名称	负责人	主持单位
ZJCV2021D12	精准培训提升村级益农信息社信息员服务效能研究	郑小青	衢州职业技术学院
ZJCV2021D13	温暖工程中西部乡村振兴电商人才培养的实践与研究	陈莹莹	浙江商业职业技术学院
ZJCV2021D14	"提质培优"背景下提升乡村振兴人才培养的精准性研究	殷芳芳	浙江同济科技职业学院
ZJCV2021D15	乡村振兴战略下职业教育数字扶智长效机制研究	岑华锋	浙江商业职业技术学院
ZJCV2021D16	精准扶贫视域下的高职院校资助育人机制研究	李凤燕	浙江医药高等专科学校
ZJCV2021D17	结构性失业人员再就业职业培训模式的实证研究	祝　巧	浙江经贸职业技术学院
ZJCV2021D18	稳就业背景下浙江失业人群电子商务技能培训策略研究	孙馨露	浙江商业职业技术学院
ZJCV2021D19	高职贫困生就业心理偏差及调试对策研究	卢奔宇	台州科技职业学院
ZJCV2021D20	服务乡村振兴战略的区域职业培训模式研究与实践	裴建兵	衢州职业技术学院
ZJCV2021D21	基于职业教育线上资源的社会弱势群体人文素养提升策略	朱　萍	义乌工商职业技术学院
ZJCV2021D22	乡村振兴背景下乡村旅游职业培训体系构建与实践研究	邱　燕	浙江国际海运职业技术学院
ZJCV2021D23	黄炎培职教思想理念下残疾人职业教育策略研究	邱淑女	浙江特殊教育职业学院
ZJCV2021D24	基于财税云平台的新弱势群体就业帮扶机制研究	刘宗全	浙江机电职业技术学院
ZJCV2021D25	乡村旅游从业农民职业培训意愿及效用研究	倪玉屏	台州科技职业学院
ZJCV2021D26	建筑农民工装配式建造技能培训资源库建设	张卫民	金华职业技术学院
ZJCV2021D27	农民职业教育的意愿、基础及资源配置取向研究	毛挺刚	台州职业技术学院

立项编号	课题名称	负责人	主持单位
ZJCV2021D28	高职教育创新温暖工程精准扶贫路径探析	樊　蕊	浙江舟山群岛新区旅游与健康职业学院
ZJCV2021D29	后扶贫时代校企共建帮扶长效机制研究	邵伟军	杭州技师学院
ZJCV2021D30	探究职业教育精准扶贫的发展现状与路径	范建锋	杭州萧山技师学院
ZJCV2021D31	乡村振兴视域下农村电商直播培训体系的研究	盛淑娟	浙江公路技师学院
ZJCV2021D32	产业工人职业忠诚度调查及培养研究	宋　涵	杭州市总工会干部学校
ZJCV2021D33	东西部职业教育精准帮扶研究——以"杭黔班"为例	杨盼盼	杭州汽车高级技工学校
ZJCV2021D34	温暖满浙西——衢州家政培训"四链四轮"驱动模式之探索与实践	杨　慧	衢州中等专业学校
ZJCV2021D35	依托石榴籽工作室做有温度的教育	顾海林	长兴县职业技术教育中心学校
ZJCV2021D36	温暖工程下基于校企合作的育婴师培训项目研究	俞秀玲	金华实验中学
ZJCV2021D37	精准扶贫视域下中职学校结对帮扶模式的研究与实践	宋　涛	浙江信息工程学校
ZJCV2021E01	大数据时代下高职建筑设备类人才培养模式探索	丁伟翔	杭州科技职业技术学院
ZJCV2021E02	建筑施工企业土建类大学生人才流失原因与对策研究	高　娟	杭州科技职业技术学院
ZJCV2021E03	建筑员工"工匠精神"培育的现实困境与实现途径研究	孙伟清	杭州科技职业技术学院
ZJCV2021E04	校企合作共建"智慧建造实训基地"模式研究与实践	宋亚磊	杭州科技职业技术学院
ZJCV2021E05	"1+6+n"现场变式教学：中职家装设计岗位群培养实践	何海霞	杭州市建设职业学校
ZJCV2021E06	产教融合背景下建设类中职教师职业化成长路径研究	谢旭静	杭州市建设职业学校

立项编号	课题名称	负责人	主持单位
ZJCV2021E07	"双高计划"下的建筑装饰专业产教协同育人机制研究	郭冬梅	金华职业技术学院
ZJCV2021E08	基于建筑施工企业科技创新能力评价体系的研究	刘智武	金华职业技术学院
ZJCV2021E09	新时代建筑工程人员"工匠精神"培育路径研究	李卫平	金华职业技术学院
ZJCV2021E10	基于现代学徒制的建筑产业工人培养实践研究	吴荣兴	宁波职业技术学院
ZJCV2021E11	民营建筑企业人才成长转型路径调查与研究	周莉莉	宁波职业技术学院
ZJCV2021E12	绍兴市中职建筑施工毕业生就业调查研究	郭　伟	绍兴市柯桥区职业教育中心
ZJCV2021E13	基于产教融合的中职装配式建筑人才培养模式探索	王燕萍	绍兴市柯桥区职业教育中心
ZJCV2021E14	中职"技能大师工作室"人才培养新模式研究	赖佳佳	绍兴市上虞区职业中等专业学校
ZJCV2021E15	中职建筑专业项目化教学模式改革的实践与探索	姜　松	绍兴市上虞区职业中等专业学校
ZJCV2021E16	黄炎培职教思想对新时代建筑"工匠精神"培育的现实价值	王　潮	台州技师学院
ZJCV2021E17	黄炎培职教思想指导下高职土建类专业劳动教育路径研究	周剑萍	义乌工商职业技术学院
ZJCV2021E18	产教融合视域下高职土建类专业"生－企"融合就业机制研究	应亦凡	浙江工商职业技术学院
ZJCV2021E19	基于产教融合的高校装配式建筑人才培养研究	邓志勇	浙江工商职业技术学院
ZJCV2021E20	建筑现场施工人员的"工匠精神"培育	崔逸琼	浙江工商职业技术学院
ZJCV2021E21	产教融合背景下高职教育对接建筑业转型升级的对策研究	单豪良	浙江工业职业技术学院

立项编号	课题名称	负责人	主持单位
ZJCV2021E22	建筑业新生代农民工职业培训问题与对策研究	李　静	浙江工业职业技术学院
ZJCV2021E23	"岗证课赛"深度融合下装配式建筑技术课程体系构建与实证研究	罗　梅	浙江广厦建设职业技术学院
ZJCV2021E24	CDIO 理念下的建筑企业与高校产学研联盟研究	宋玲凤	浙江广厦建设职业技术学院
ZJCV2021E25	建筑从业人员"工匠精神"培育路径研究	詹　科	浙江广厦建设职业技术学院
ZJCV2021E26	建筑企业与职业院校产学研创新模式研究	张飞燕	浙江广厦建设职业技术学院
ZJCV2021E27	建筑企业技术创新资料编制能力提升路径与培养要点研究	杨常嘉	浙江建设技师学院
ZJCV2021E28	"协企校"三位一体产教融合的建筑高技能人才素质提升研究	邹雪辉	浙江建设职业技术学院
ZJCV2021E29	基于5G+智能技术的建筑从业人员"三新"写作能力构建	张　立	浙江建设职业技术学院
ZJCV2021E30	基于积极心理学下的建筑监理人员"工匠精神"培育实验研究	朱　凡	浙江建设职业技术学院
ZJCV2021E31	建筑类高职学生"佛系"就业的心智机理与策略研究	项甜美	浙江建设职业技术学院
ZJCV2021E32	建筑企业技能竞赛对施工人员"工匠精神"的培育	王东东	浙江建设职业技术学院
ZJCV2021E33	面向当代建筑产业工人的企业讲师的培育研究	干学宏	浙江建设职业技术学院
ZJCV2021E34	民营建筑企业新生代知识型员工绩效评价与激励策略研究	李泽玲	浙江建设职业技术学院
ZJCV2021E35	培育建筑业企校协同技术创新基地的实证研究	江晨晖	浙江建设职业技术学院
ZJCV2021E36	浙江省建筑现场施工人员"工匠精神"培育路径研究	陈文芳	浙江建设职业技术学院

立项编号	课题名称	负责人	主持单位
ZJCV2021E37	基于"1+X"证书制度的高职建筑设计专业课程体系改革研究	岳　淼	浙江建设职业技术学院
ZJCV2021E38	"双高计划"视域下"职业能力+'工匠精神'"课程体系构建模式研究	刘　玉	浙江交通职业技术学院
ZJCV2021E39	"双高计划"视域下高职院校产教深度融合的维度与内涵研究	赵建峰	浙江交通职业技术学院
ZJCV2021E40	茅以升"工匠精神"研究——以钱塘江大桥为例	林小平	浙江交通职业技术学院
ZJCV2021E41	面向国际工程就业市场的交通特色职业教育教学体系研究	陈　祎	浙江交通职业技术学院
ZJCV2021E42	"双高"背景下建筑业校企"双师"队伍共建共享机制研究	陈乾浩	浙江同济科技职业学院
ZJCV2021E43	基于建筑企业一线员工"工匠精神"培养的路径探究	刘　钰	浙江同济科技职业学院
ZJCV2021E44	建筑类专业"工匠精神"培育现状调查分析及实效性对策研究	郭慧芳	浙江同济科技职业学院
ZJCV2021E45	建筑现场施工人员的"工匠精神"培育路径研究	周培娇	浙江同济科技职业学院

附件 6 职业教育部分期刊一览表（统计时间：2021 年 3 月 1 日）

序号	刊名	刊号（ISSN）	主办单位	主要栏目	刊物级别	出版周期	复合影响因子
1	中国职业技术教育	1004-9290	教育部职教中心研究所	教学研究、课程改革、研究探索、办学模式、教育技术、发展研究 比较研究、专业建设、发展战略、师资队伍、院校发展 人才培养、党建思政、教师发展、实证分析、政策制度	核心	旬刊	1.135
2	职教论坛	1001-7518	江西科技师范大学	课程教学、理论经纬、政策研究、职业指导 继续教育、师资建设、名家视点、职教史话 院校发展、比较研究、一线调查	核心	月刊	1.002
3	职业技术教育	1008-3219	吉林工程技术师范学院	理论前瞻、教育治理、人才培养、教育史论 校企合作、国际比较	核心	旬刊	0.964

续　表

序号	刊名	刊号（ISSN）	主办单位	主要栏目	刊物级别	出版周期	复合影响因子
4	教育与职业	1004—3985	中华职业教育社	教育管理、研究与探索、职业指导、课程与教学、师资研究、德育建设、比较教育、农村教育、民办教育、研究与探索、成人教育、学科教育、教育史研究	核心	半月刊	0.744
5	成人教育	1001—8794	黑龙江省教育学院	理论研究、职业教育、农民教育、实践探索、远程教育、老年教育、社区教育	核心	月刊	0.854
6	终身教育研究	2096—2843	江苏开放大学	开放大学建设、乡村振兴与职业教育、"教育现代化2035"专题、社区教育、实证研究、成人学习理论、教育技术、新技术与教育		双月刊	0.935
7	中国成人教育	1004—6577	中国成人教育协会、山东省教育厅、教育部职称司	课程与教学、教师发展、继续教育、乡村振兴、社区教育、新视野、科教建设		半月刊	0.817
8	继续教育研究	1009—4156	哈尔滨师范大学	职业教育、继续教育、教师教育、岗位培训、域外比较、人才培养、教育与教学、乡村振兴教育、社区教育、农村、社区、妇女教育、创新与创业；		双月刊	0.655

续　表

序号	刊名	刊号（ISSN）	主办单位	主要栏目	刊物级别	出版周期	复合影响因子
9	高等职业教育探索	2096–272X	广州番禺职业技术学院	人才培养、热点追踪、创新创业教育、专题·现代学徒制、教师与学生		双月刊	0.445
10	职业教育研究	1672–5727	天津职业技术师范大学	理论与应用研究、高职专论、中职教育、职教管理、师资培养、职业咨询、专业教学研究、基础教学研究、实验实训、问题探讨、经验交流、教育技术、海外职业教育、职业教育史料		月刊	0.425
11	当代职业教育	1674–9154	四川广播电视大学	特别关注：抗击疫情下职业教育的担当与应对、专题研究：职教精准扶贫、理论探讨、教育管理、职业发展、国际视野		双月刊	0.316
12	职教通讯	1674–7747	江苏技术师范学院	专题研究、人才培养、理论前沿、高等职教、比较与借鉴、改革探索、师资队伍建设、院校发展、教学模式、课程改革、成人教育与培训、教师教育、学生管理、学校管理		半月刊	0.229
13	机械职业教育	1007–1776	中国机械工业教育协会、无锡职业技术学院	职业教育发展研究、职业与文化素质教育、职业发展、产教融合、课程改革、专业建设、课程建设、现代学徒制、教师专业研究与教学研讨、学情研究		月刊	0.227

续 表

序号	刊名	刊号（ISSN）	主办单位	主要栏目	刊物级别	出版周期	复合影响因子
14	江苏高职教育	1671-4644	南京工业职业技术学院	高职教育管理、高职教学技术、高职教育理论、职教思想、职业教育与区域经济、职业教育与创新创业、职业教育比较与评价、职业教育比较		季刊	0.180
15	河北职业教育	2096-3343	廊坊师范学院	教育教学研究、人才培育、职教论坛、专业与课程建设、师资队伍建设、创业与就业、学生就业与教师队伍建设		双月刊	0.126
16	职业技术	1672-0601	黑龙江旅游职业技术学院	课程与教学、职业融合研究、教师与学生、产教融合研究、现代学徒制研究、高等职业教育研究、中等职业教育研究、基础教育研究、高职教育研究、现代教育技术、就业与创业研究、教材建设、师资队伍建设、技能大赛		月刊	0.101
17	职业教育（评论版）	2095-4530	浙江教育出版集团	专题、案例、调查、书评、访谈、综述、比较、时评人物		旬刊	0.083
18	职教发展研究	2096-6555	江苏凤凰教育出版社有限公司	研究探索、比较借鉴、院校发展、学生培养、人才培养、课程建设、教学研究、课程改革、师资队伍建设、教育管理、教育评价、双创研究、院校发展、改革发展、历史回顾、职业指导		季刊	、

续　表

序号	刊名	刊号（ISSN）	主办单位	主要栏目	刊物级别	出版周期	复合影响因子
19	北京农业职业学院学报	1671–7252	北京农业职业学院	职业教育与培训、农村社区发展研究、农村经济发展研究、技术现代型都市农业与应用		双月刊	0.498
20	深圳职业技术学院学报	1672–0318	深圳职业技术学院	机电与信息工程、教育与教学、历史、"一带一路"沿线国家职业技术教育、思政、应用化学、文化与媒体、教育与教学管理、文学与文化		双月刊	0.278
21	高等职业教育（天津职业大学学报）	1008–8415	中国高职研究会、天津职业大学	培养模式探索、专业与课程改革、发展战略对策、教坛广角、管理与质量评价、院校管理方略、科研开发与服务		双月刊	0.267
22	深圳信息职业技术学院学报	1672–6332	深圳信息职业技术学院	青年发展、聚焦职教、特色探索、教材建设、"双创"研究、人文视野		双月刊	0.240
23	武汉职业技术学院学报	1671–931X	武汉职业技术学院	专业与课程研究、应用技术、武汉发展、素质教育、职业教育、职教纵横、创新创业、现代职业、院校区域比较、师资建设、教学改革、质量与评价		双月刊	0.209
24	顺德职业技术学院学报	1672–6138	顺德职业技术学院	科技应用与研究、文·史·哲研究、高职业教育研究、经济与管理、珠三角研究		季刊	0.187

序号	刊名	刊号（ISSN）	主办单位	主要栏目	刊物级别	出版周期	复合影响因子
25	金华职业技术学院学报	1671-3699	金华职业技术学院	教学研究、经济与管理、文学与艺术、高校管理、高校思想政治工作、工程技术与应用、高职教育研究、法治建设、医药卫生教育与临床、生物技术与应用、数理研究与应用		双月刊	0.176
26	无锡职业技术学院学报	1671-7880	无锡职业技术学院	职业教育研究、学生工作与思想政治教育、人文社会、教改论坛、经济与管理、技术与应用		双月刊	0.172
27	南方职业教育学刊	2095-073X	汕头职业技术学院、广州铁路职业技术学院	教育教学研究、现代职教体系、专业课程建设、应用研究、德育与素质教育、轨道交通研究		双月刊	0.156
28	山东商业职业技术学院学报	1671-4385	山东商业职业技术学院	经济与管理、教改与教材教法、高职专业理论、科技应用、法律法规、道德与思想政治工作、语言与文学、文化建设、创业开物		双月刊	0.124
29	哈尔滨职业技术学院学报	1008-8970	哈尔滨职业技术学院	人才培养、教学改革与实践、外语教学与研究、高职教育论坛、职教育发展研究、教学改革与探、业教思想政治工作、"一带一路"倡议下工业测评建设研究		双月刊	0.113
30	黄河水利职业技术学院学报	1008-486X	黄河水利职业技术学院	教育教学、水利技术、高职探索		季刊	0.093

参考文献

［1］ 郑金洲.教师如何做研究：第二版［M］.上海：华东师范大学出版社，2012.

［2］ 李臣之.教师做科研——过程、方法与保障［M］.深圳：海天出版社，2010.

［3］ 高烽.科研素养的自我训练——科技人员"三五"修炼法［M］.北京：国防工业出版社，2015.

［4］ 朱慧.教师教科研读本［M］.长春：东北师范大学出版社，2011.

［5］ 李锦宏.教科研修炼优秀教师专业成长之需［M］.长春：东北师范大学出版社，2017.

［6］ 蒋丽红.浅谈科研单位如何做好科研项目预算编制［J］.现代经济信息,2016（28）：43.

［7］ 唐林，陈渝.关于提高科研项目申报立项率的几点思考［J］.科技展望,2016,26（24）：297.

［8］ 杨勇.浅论高校创新型科研团队的可持续发展［J］.郑州铁路职业技术学院学报,2015（3）：114-116.

［9］侯海洋.浅谈科研项目经费预算的编制[J].科技经济导刊,2017,（17）：247.

［10］ 刘亚静.浅谈高校纵向科研项目经费预算管理中存在的问题及对策［J］.价值工程,2016,35（36）：252-254.

后 记

职教教师走上教科研之路，既是丰富职教人生，提升教学质量的途径，也是一件必须去思考和履行的工作。环顾周围被大家敬重的职教教师，几乎没有一个不是教科研高手，所以具备教科研能力是成为一个优秀的职教教师的基本功之一。

教科研的基本功从申请科研项目开始，一个科研项目的获批离不开高质量的科研项目申报书编制，尤其在目前职教大发展阶段，对教师的要求越来越高，没有一定的申报书编制能力，在激烈的项目申请竞争中获胜谈何容易。

本书就是从如何编制好一份科研项目申报书的角度出发，通过对项目申报书基本栏目的内涵分析，并结合实例提出具体的要求。对于科研工作的初学者，书中的案例值得借鉴和模仿。

本书基本上按照浙江省中华职业教育科研项目申报书的要求栏目来编写，包括职教科研项目来源，项目的选题，项目名称的选取，项目研究意义与国内外研究现状，研究内容、目标、方案、进度（时间）和拟解决的关键问题，创新点、预期成果、去向和研究效益，科研项目研究经费和经费预算，项目负责人制和项目组人员构成，项目申报书提交前应了解的几个问题，等等。

为了便于理解，本书选录了一些申报书的实例进行说明。这些实例取材于 2020 年浙江省中华职业教育科研项目的申报资料，经申报书作者授权后引用。现列出被引用项目的名称、负责人单位及项目编号，以示感谢。

浙江经贸职业技术学院：电商企业组织氛围对高职实习生"工匠精神"影响的实证研究（项目编号：ZJCVA01）

宁波幼儿师范高等专科学校：基于黄炎培职教思想的中日职教教师"工匠精神"比较研究（项目编号：ZJCVA03）

浙江同济科技职业学院：黄炎培职教思想视域下现代学徒制"工匠精神"的培育路径（项目编号：ZJCVA05）

浙江长征职业技术学院：黄炎培职教思想视域下的高职学生"工匠精神"培养路径研究（项目编号：ZJCVA06）

浙江省诸暨技师学院：校企合作共同体培养"产学研训"应用型人才的实践研究（项目编号：ZJCVB79）

浙江工商职业技术学院：百万扩招中的学生发展：高职院校就业保障机制研究（项目编号：ZJCVC01）

湖州职业技术学院：基于心理资本和目标导向的高职生就业绩效提升实证研究（项目编号：ZJCVC02）

宁波经贸学校：生涯发展视域下中职"三位一体"创业教育模式构建研究（项目编号：ZJCVC43）

台州科技职业学院：乡村振兴背景下涉农院校现代农业职业培训的实施策略研究（项目编号：ZJCVD01）

浙江经贸职业技术学院：浙江农民创新创业技能培育新模式及教育效果研究（项目编号：ZJCVD02）

杭州萧山技师学院：疫情后面向新时代退役军人职业教育和培训的探索研究（项目编号：ZJCVD23）

本书由浙江省中华职业教育社宣传教育委员会副主任朱国锋教授主

审，浙江交通职业技术学院张成全副教授主编，具体编写任务分工如下：第一章、第六章由浙江交通职业技术学院吕凤军副研究员编写；第二章、第三章由浙江交通职业技术学院朱国锋教授编写；第四章、第五章由杭州职业技术学院郭伟刚教授编写；第七章、第八章由浙江建设职业技术学院沈玉英教授编写；第九章由浙江交通职业技术学院张成全副教授编写。

　　由于编者所涉具体学科和学术视野等方面的局限，本书存在不足或不当之处，敬请读者批评指正。

编　者

2020 年 11 月